深淵なる地球創造とハイブリッドな人々

早川敏行

幻冬舎ルネッサンス新書
237

深淵なる地球創造とハイブリッドな人々

目次

はじめに

この本を読むにあたって真っ先にあなたに理解していただきたいことがあります。それはこの本に出てくる物語は、深遠なる超古代の物語だということです。

あなたが今まで生きてきた記憶の中に刻まれた固定概念を、一度白紙に戻す必要があります。

固定観念をすべてなくすことはできないにしても、いくらかでも構いませんので、空白のスペースを作っておいてほしいのです。そのスペースの中に新しいこの本に出てくる知識を入れてほしいのです。

多次元の宇宙世界

まず、あなたに理解してほしいのは、私たちが暮らしているこの地球、そしてこの地球を包み込むような宇宙、この青緑色の美しい地球は多次元の世界でできているということです。

現在私たちが住んでいる地球、物質の世界は三次元の世界です。しかし、この地球を包み込むように四次元から十一次元までの世界があるのです。十三次元まであるともいわれています。

この物語でいう次元とは、あなたたちが理解している次元とはかなり違います。あなたたちが理解している三次元とは立体を表している物理的な次元を指しています。一次元は点で二次元は線、そして三次元は立体となります。この三次元の立体の世界に時間軸を入れて四次元の世界としています。

この物語に出てくる次元とは、一次元は鉱物の世界、二次元は植物、動物の世界、そして三次元の世界が人間の意識と物理的な世界を指します。そう今あなたが生きて生活をしている世界です。四次元の世界とは、私たちが死んでから行き着く先の途中、通過する世界が四次元の世界なのです。霊界の世界では、アストラル界といわれています。

私たちが生きてきた記憶の中では、せいぜい四次元の世界くらいまでしか理解できないでしょう。この四次元の世界は私たちがいる三次元の世界からは見えません。しかし見える人たちがいることも事実です。私たちが漠然と理解している幽霊と言われている霊的存在、この霊たちがいる世界、この世界が四次元の世界です。

この次元という世界は波動によってできています。物質界もしかり、全ては波動なのです。

三次元の世界は粗い波動です。高次元に行くほど波動のサイクルが小さくなります。

人間の肉体波動と意識の波動は少し振動密度が違います。意識の波動と肉体の波動は同じ空間に存在することができます。同一空間に存在することができるということは、それぞれが分離することができるということになります。こういった現象が体外離脱現象である。

肉体の波動はそのままで、意識のみの波動数を上昇させたのが体外離脱あるいは幽体離脱という現象なのです。

単純な話、この波動サイクルさえ合わすことができれば、この異次元の世界を見ることができることになります。つまり幽体離脱ができれば四次元の世界に行けるというわけです。

人間の体は三位一体といって、エーテル体、アストラル体、肉体の三つが重なって形作られています。エーテル体とアストラル体は肉体のように物質からできているのではなく、意識体となります。意識体は目では見えません。物理的に言えば、量子論の世界なのです。

幽体離脱は意識と肉体の分離を指します。肉体を地上に置いて意識だけが四次元の世界に行くということなのです。意識だけとはいっても、エーテル体とアストラル体は意識と一緒に肉体から離れることができます。特殊な能力を持っている人には、エーテル体とアストラル体が見えていることを霊が、あるいはオーラが見えていると言います。

私たち人間は、必ず全員が死ぬという大前提があります。この大前提を変えることはできません。

生まれてきた以上、死から逃れることはできません。人間が死んだ後、通過していく場所が、この次元なのです。

仏教でいう所の人間が死んでから四十九日が経つまでは仏教界では、いろいろな風習がありますが、四十九日が経つと五次元の世界から迎えに来てくれるのです。迎えに来てくれる人はアセンテッドマスターと言って、我々よりはるかに進化の過程が進んでいる大先輩なのです。

しかし、すべての人々が五次元の世界に行くとは限りません。どうしても四次元の世界から抜けられずに、そこに留まる人たちも大勢いるのです。

本人が気づくことができれば、落ち着くところの五次元の世界に行き着きます。

意識体は物質を通過します、ドアーなど開けなくてもそのまま通過できます。自分がまた肉体に戻りたいという意識になればすぐ元の体に戻ることができます。

本来人間はこのようなことができる超能力を持っています。

しかし、現在の人類は、その能力を発揮できません。それには、理由があるのです。この本を読み進めていくうちにその理由が解るようになりますのでここでは割愛させていただきます。

太古の時代から地球は宇宙人と関わりがあった

次に理解しておいていただきたいことは、読み進めていくうちにたくさんの宇宙人たちが登場します。この宇宙人たちは、私たちと同じように進化の過程にいます。しかし彼らの進化の進み方は我々とは比較になりません。

高度な科学とそのテクノロジーは、我々の知るところではありません。私たち地球人の科学力は原始的で幼稚なものでしかないのです。それくらいの差があるということです。

宇宙でのストーリーは概念的にとらえて大まかな理解でとどめておかなければ、なかなか理解に苦しむことになります。いろいろな所でパラドックスに陥るようなことになりますので、そのようなときにはあまり追求せずに概念的にとらえておくことをお勧めします。

パラドックスとは、ウィキペディアによると、正しそうに見える前提と、妥当に見える推論から、受け入れがたい結論が得られることを指す言葉だそうで、逆説ともいわれています。

論理的に説明するなら、証明されるはずのない矛盾命題が妥当な推論によって、あるいは少なくとも一見妥当な推論によって導かれることをパラドックスと言います。

矛盾や理論と現実のギャップを感じるようなときに使います。

多くの宇宙人たちが古代の地球にやって来て我々地球人の祖先たちに干渉していたことが書物や、ネット上では書かれています。つまりそれだけ宇宙人と地球人の歴史には差があるということになります。

我々人類の理解している天文学や考古学や歴史認識には宇宙人との大きな開きを理解しておく必要があります。

宇宙は三次元の宇宙だけではない

前述したように、宇宙というのは多次元の世界でできていると説明しましたが、私たちが夜空に浮かぶ星々たちを見たときに見えている星というのは、すべての星々が三次元の物質の世界にあるわけではないのです。

夜空に美しく輝いて見える星、そして遠くに見える星々、光の速さで行ったとしても何万年もかかる距離にある星雲や銀河はホログラフィックのようなものと理解しなければなりません。

四次元や五次元の世界から投影されていて、我々に見えるということなのです。

大まかに、概念的にとらえておく方が、私たちの固定観念の隙間に入りやすくなると思います。

現代人は遺伝子操作されたままである

特に、シュメール文明の粘土板に書かれている、ニビル星のアヌンナキという宇宙人は我々地球人の先祖の人間に大きく関わっています。この宇宙人に関しては、今の時代でも関わりは消えていません。

彼らが、我々先祖の人間たちに行った遺伝子操作という行為は、現在の私たちの遺伝子にも引き継がれています。良い意味ではなく、悪い意味で引き継がれているという事実があります。

我々人類の脳の能力は正常な状態、つまり遺伝子操作されていない状態が百パーセントとすると、現在の状態はわずか三パーセントしか働いていないそうです。つまり、遺伝子の組み換えをニビル星のアヌンナキによって操作されたことで、わずか三パーセントしか現実は稼働していないということなのです。

アヌンナキとは、ニビル星のニビル星人のことを人類の祖先がつけた呼び名なのです。

脳の働きを左右する松果体

私たちの右脳と左脳の間にある中心的な場所に松果体という部位があります。この松果体はあまり一般的に知られていません。しかし、この場所は私たち人間にとって大変重要な役割をしていますが、現在の人間はここの松果体を十分に生かしてはいません。むしろ石灰化している状態なのです。

この松果体は松ぼっくりに良く似ている形をしています。大きさはトウモロコシ一粒くらいの大きさしかありません。この松果体を正常に機能させることができれば我々人間の能力は超が付くくらい格段に五感で感じる以外の能力がアップするでしょう。

私にはこの松果体のことで、疑問に思っていることが一つあります。

それはイタリア国の中にある一つの小さな国、バチカン市国。このバチカンのサン・ピエトロ大聖堂の中庭の正面にそびえたつ松の木の松ぼっくりはまさしく松果体を表している。ローマ法王の杖にも松果体の松ぼっくりが付いています。これは何を意味しているのでしょうか。

アヌンナキによって遺伝子操作されたことによって「松果体を正常に機能できなくなってしまったと、否定することはできないかもしれない」。

太陽系十二番目の惑星

このニビル星という惑星は、実は太陽系にある惑星であることがシュメール文明の粘土板に書いてあった。三千六百年のサイクルで太陽系を周回しています。このニビルという名前には交差する星という意味があり、太陽系の十二番目の惑星なのです。

この惑星の存在が知られなかった謎を解明する手掛かりの一つが、やはり粘土板に書かれてありました。天文学的に太陽系の惑星は水平に太陽の周りを回っていることに対して、このニビルは垂直に三千六百年周期で太陽の周りを長楕円形で周回しているというのです。

そして古文書の文献としては、ゼカリア・シッチンが解読したシュメール文明やメソポタミア文明の粘土板に書かれた楔形文字の解読によるものしかありません。

ニビルは現在、エレーニンという彗星といわれています。このエレーニン彗星は、ロシアのアマチュア天文観測者である、レオニード・エレーニンによって二〇一〇年に発見された長周期彗星です。

アメリカ、ニューメキシコ州メイヒル近郊に位置する、国際科学光学ネットワークの天体望遠鏡によって、彗星であることが追認されました。二〇一一年、この彗星は地球から遠ざかっていることが観測されています。

ＮＡＳＡは、このニビルという惑星をヤーヴェというコードネームで呼んでいます。

現在地球はアセンション中

宇宙人類が最初に創造されたのが、リラ星である。このリラ星の爆発によって銀河系ができ、恒星や惑星ができました。

リラ星の爆発で生き延びた人々は、移住できる惑星を求め続けました。いろいろな種族やグループがさまざまな惑星へと移民していったのである。

そして、あるグループはプレアデス星に移住していきました。プレアデス星での長い年月の流れの中で高度に進化していったのです。

天の川銀河の端から端までの距離が、約十万光年もある巨大な銀河であり、銀河の誕生から約百億年以上も経過しています。そして天の川銀河にある太陽系の場所は銀河の中心から約二万五千光年離れた外縁部に位置しています。

二本のスパイラルアームの間にあるといわれていて秒速二百四十キロという強烈なスピードで太陽系は銀河を周回しています。

太陽系は現在、星の密度の低いスパイラルアームの外側に位置していますが、一億数千万年に一度スパイラルアームの中に突入しています。

スパイラルアームの回転する位置によって、宇宙空間の位置の変化で地球はさまざまな影響を受けています。現在地球はアセンション中ですが銀河宇宙のそういった空間にいるということなのです。

地球は現在、三次元の世界なのですが、四次元の世界に次元上昇をしています。

最終的には五次元の世界になります。

地球自身も次元上昇をしていますが、人間も意識が上昇して同じように次元上昇しアセンションをしています。

しかしながらこの意識の上昇をできない人たちもいます。

この次元上昇できない意識、つまりアセンションをできない人は、次回の輪廻転生の時、人間として生まれ変わることはできません。

地球よりも次元の低い惑星から進化の経験をやり直さねばならないのです。

そうならないためには、自分の意識を高め、すべての生き物も自分と同等とみなし、愛を基本とした生き方に変えなければなりません。

地球の自然を取り戻し、多くを求めず、シンプルに生活をするべきなのです。

意識の上昇と愛を基本としたシンプルライフによってアセンションに乗り遅れないようにしましょう。

この本の中に出てくる物語をよく理解していただき、今までの固定概念を変えていけるよう、理解していってください。

前置きはこれくらいにして、そろそろ本題に入りましょう。

一　人類創造とハイブリッドな人々

この人類創造といっても私たちの歴史の中でいえば、学校で習ったことが人類の歴史なわけです。社会に出てからの一般的な考え方、つまり、ダーウィンの進化論が社会通念であり一般常識ではないでしょうか。

しかし、私たちの目線で見た今までの常識が覆されるようなことが起きたとすれば、どちらが正しいのか、どちらが間違っているのかの、判断をしなければならないわけでありまます。

現代社会はインターネット社会です。ありとあらゆることが載っています。正しいことも、あるいは正しいと思えないようなことも、すべてに近いほどのことまでが、現代のインターネットで調べれば出てくるのです。

学校の先生たちが子供たちに学習させていることの中には、明らかに間違いであるようなことを教えていることがあると思います。

間違いであることが分かった時点で、間違いを認め、訂正をし、修正をすることが大切ではないでしょうか。

人類進化の歴史はサルから長い年月をかけて、我々人間、人類に進化していった歴史、これが人類進化の歴史と言われ続けてきたわけです。しかし、この進化の歴史が本当に正しい真実の歴史なのでしょうか。

本当にサルが人間に、想像もつかないほどの年月をかけて進化していったのでしょうか。私は子供の頃からダーウィンの進化論を疑問に感じていました。

私と同じような思考をしている人は、人類進化の歴史をダーウィンの進化論とは違う形態でとらえている方々もたくさんおられます。その中の一人に、ゼカリア・シッチンというユダヤ人の学者がいました。

彼が主張する人類進化の過程は、四十万年の歴史を遡らなければなりません。

そこまでの年代を遡って、科学的に証明できるかといわれれば、現代科学では解明できないということです。しかし、解明できなければそれはすべて正しくない、誤りである、というように、結論付けてよいわけではありません。

今までの歴史も最初は、いろいろな仮説を立てて結論付けてきた歴史があるのですから、ゼカリア・シッチン氏のようなシュメール文明の粘土板に書かれているような真実で歴史を捉えていくような、多くの思考があっても良いのではないでしょうか。

シッチン氏によると、我々地球人が住んでいるこの太陽系に惑星ニビルという星があってその惑星の宇宙人、アヌンナキと呼ばれる、私たちと同じ人型の宇宙人類がいたそうです。

私たち地球人類の科学より、想像できないほど進化した科学力をもって、我々地球人類の祖先を、遺伝子組み換えをして創造したというのです。

当時のニビル星の状況は大気が地上から宇宙空間に漏れ出し、アヌンナキといわれる人々が惑星ニビルで生活を続けていくためには、黄金が必要になり、その黄金を求めて地球にやって来たそうです。

しかし黄金が見つかったからと言っても、その黄金が無尽蔵に地球にあるわけではなく、さらにそれらを掘り出し精錬するためには大変な労働力がいるのです。

アヌンナキたちだけの労働力だけでは足りず、地球人類を創造し労働力の補充のために現代人の祖先たちホモサピエンスを造り上げたのです。

つまり、奴隷としての創造だったのです。

そのときの地球にはすでにネアンデルタール人が生息しており、アヌンナキに一番似ているネアンデルタール人の遺伝子と、アヌンナキの遺伝子を掛け合わせて、ホモサピエンスというハイブリッドな人間を創造し、現代の祖先が生まれたということが、シュメール文明の粘土板に書かれているというのが、ゼカリア・シッチン氏の説です。

ハイブリッドな人々とは、我々現代人類のことである。つまり、混ざり合ったもの、種や、品種が異なる生命体から生まれた子孫。混血、といった言葉になります。

私たち地球人類は、ただサルから進化して今日まで来たのではなく、遥か古代の高度に進化した高次元の存在あるいは高度に進化した宇宙人たちが原始的な人類に遺伝子的な介入を幾度となく繰り返してきました。そして我々人類の祖先ホモサピエンスを作り上げたのです。

ニビル星人のアヌンナキによって遺伝子操作をされた我々人類はハイブリッド人ということなのです。

二　地球創造と人類創造

ぽんすけまるねこみんとさんによる、高次元の存在からのチャネリングによると、

「地球は宇宙の中心として、さらにありとあらゆる情報を蓄積するハードディスクのような役割として、機能するよう設計されたものである。」

人類の遺伝子には、そのもととなった様々な生命につながるコードが存在しています。地球人の人生の失敗や成功、さらに戦争の体験、そして飢餓や病、一人ひとりのあらゆる体験が、情報としてそのコードを通じて、全宇宙に放送されている。

つまり生きているだけで、他の存在たちを助けているのである。つまり、この地球という惑星は、全宇宙の縮図である。よって地球が調和するなら、宇宙もまた調和しさらに、その宇宙の中心である地球のさらに中心が日本である。

これはもともと、地球を創造した、宇宙生命体が、自ら降り立つ場所として、最初に日本を作ったことに由来する。

よって日本には、この多次元にまたがる宇宙創造の叡智が生命として存在している。

それが日本という国が太陽の出ずる国、つまり日本と呼ばれる所以である。

よって、この宇宙を支配しようと考える生命体や、宇宙の方向性を変化させようと試みるもの、更に宇宙とは何か、愛とは何かを知りたがる者は必ず、この日本への干渉を試みる。

宇宙においていったいどのような存在か。地球という惑星は、他の宇宙存在から見れば驚きと興味の尽きない対象で、全宇宙の生命のデータがこの惑星に集合している。これほど雑多な生命を宿す魅力的な惑星は他になく、全宇宙の生命、そしてすべての情報が、遺伝子の中に存在している。

地球人にもなじみの深い動物、例えば、象や羊や馬などは、元となった知的生命体がいるが、今も他の惑星で暮らしている。魚や昆虫、爬虫類や鳥類、その他の様々な生命の元となった遺伝子は、外部からこの地球に運び込まれたものである。

人類にもその遺伝子が組み込まれている。

ニビルのアヌンナキ含めシリウス星雲住民にとっては、地球と彼らの故郷の星は物理的に非常に似ていた。

豊かな鉱物資源と様々な生物を持つ青緑色の惑星は究極の楽園であり、ニビル星人は太陽系を通過した時に地球に魅せられることになる。

そしてすぐに彼らは、自分たちの惑星はすでに居住不可能で採集できなくなった資源の金が、地球からたっぷり得られる可能性に気付くのである。

彼らニビル星人の、未来世代のための新天地を見つけたと信じることになって行くのである。

ニビル星は太陽系に三千六百年周期で訪れようとしていた。多くの衛星を引き連れて近づいていた。この時代の太陽系にはまだ地球という惑星は存在していませんでした。太陽の他には火星、惑星ティアマト、木星、土星、天王星と海王星がありました。

惑星ニビル星というのは太陽系の惑星の配列で見ると、火星と木星の間に存在していた惑星ティアマトと衝突し、地球と小惑星帯、欠片《カケラ》を形成したという。

ティアマト星は、メソポタミア神話の古文書の一つ、『エヌマ・エリシュ』にも出てきます。

エヌマ・エリシュには女神として描かれています。エヌマ・エリシュはバビロニア神話の創世記叙事詩で、ティアマト星はニビル星の月の一つと衝突し、ティアマトは二つに割れてしまった。続いてニビル星本体が衝突し、二つに割れたティアマトの一つは小さくなり小惑星帯となった。もう一つの割れた方はニビル星の月の一つと再び衝突し、新しい軌道に押し出され現在の地球となったと読みとることもできます。

現在の太陽系の惑星配列から見ると、太陽。水星。金星。地球。火星。木星。土星。天王星。海王星。冥王星。

この惑星配列の火星と木星の惑星間の距離が、他の惑星間の距離と比べて間が空きすぎではないかと思えます。現在は小惑星帯という星の欠片がたくさんあります。

この火星と木星の間に何らかの惑星があったとしても不思議はないということです。通説では正しくないと言われていることでも、仮説を立てて論理的に説明していけば、多少時間は必要になりますが、真実の結果に繋がることはたくさんあるということです。

地球は現代の科学者が言うようにビッグバンが起こり、地球はさまざまな欠片がぶつかりあってマグマが冷えてできた惑星ではないのです。

現代の太陽系の火星と木星の間に小惑星帯がありますが、この場所に惑星ティアマトが存在していたのです。三千六百年周期で太陽系に近づいてきた惑星ニビルは、連れていた一つの衛星が惑星ティアマトに衝突したのです。ティアマトはバラバラになり一つの塊がはじかれて現在の地球になりました。地球以外の欠片は現在の火星と木星の間にある小惑星帯となったのです。そののち地球は高次元の宇宙人たちの介入により、生命の宿る進化の惑星になってゆくのです。

そして現代から約四十万年前一人のニビル星人が地球に金が大量にあることを突き止めました。すでにニビル星は惑星の大気が宇宙に漏れ出しそれを食い止めるために黄金が必要になっていたのです。そのため、ニビル星のニビル星人たちが地球にやって来たのである。

地球での金の採掘には大変な労働力が必要です。その労働力のために奴隷として地球人種であるネアンデルタール人とニビル星人のアヌンナキとを掛け合わせ遺伝子操作をして我々現代人の祖先であるホモサピエンスを創造したのである。

三　ベガ星人が地球にやって来た

ある日ベガ星の宇宙船が一基この地球の表面に降り立った。

地球もまたリラ星の欠片であったが、リラ星が爆発する前にあった状態はすっかり失われていた。地球は新たに出現した太陽光に照らされて、それは程良い大きさであったので、地球人の祖先であるベガ星人はそこを新たな入植先にすることにした。

宇宙の大々的な破壊を引き起こした驚異的な火の玉の近くに、地球と言う惑星は存在していたので、ベガ星人は、生命体の身体と精神や知性がどのように進化していくのかを調べるために新しい試みに取り組むことにしたのである。

そして人工の雨が降らされ、地球は何千年ものあいだ水に浸され、その後、海や河川、そして大気が形成された。

やがて、ベガ星から人々が移動し始め、動物が運び込まれた。このようにして長い歳月をかけて地球は生命の宿る星となり、宇宙の新しい命として歩みを始めたのである。

地球人種の創生計画はベガ星の宇宙人をリーダーとしてシリウス系の宇宙人がその補佐役となり進められた。プレアデス人は主要な遺伝子の提供者となった。

聖書でいうエデンの園は遺伝子実験を行う場所であり、日本を含む地球上に複数あった。ベガ星人の願いは「将来、両極に分裂する可能性を徹底的に排し統合の規範となるような惑星にする」ということだった。

それは何千年もかかる計画だった。しかし、太陽光線のもたらす悪影響がベガ星から地球にやって来た、人間や動物の進化に歪みをもたらすようになっていった。地球人はエゴに囚われるようになり、エゴは全ての悪質なものを生み出した。また、白人や黒人など多くのプロトタイプを造ったため、その多様さゆえに望むような統合の可能性が低いことが分かった。

ここで未来からの働きかけがあり、未来の宇宙人が時間を遡って遺伝子操作を行っている宇宙人と接触し「将来、地球の様々な種族の統一を促す新種のプロトタイプを作ること」にした。

こうして誕生した新しい種族がアジア人だった。そのために使用されたのがゼータレクチル人の遺伝子だった。アジア人創生の遺伝子実験は、主に、日本と今では海底に沈んでしまった周辺の島々で行われた。沖縄の海底遺跡がそうである。しかし、宇宙人の意図は様々あり、地球人に知恵を授けることに反対するグループもあった。その方が利用しやすいと考えていた。地球人をめぐって宇宙人同士の争いも絶えなかった。

宇宙人は全て、高度に進化した平和的な存在と思うのは錯覚であり、誤解である。

紀元前三十八億年ごろ、ニビルの衝突によって付着した生命の種子「ＤＮＡ」から原始的なウイルスやバクテリアが地球に誕生する。

紀元前三十五億年ごろ、地球に植物の祖である藍藻類が出現する。

紀元前二十七億年ごろ、地球で一度目の文明のエルポロン文明が興る。シリウス星系の十二種族が地球に原始的な人類を誕生させ、ポラリア人と呼ばれた。これにより地球一度目の文明であるエルポロン文明が栄える。

当時の日本は現在の北極圏の位置にあり、ポラリス「北極星」の影響を受けていた。

最初の根人種であるポラリア人は物質的というよりエーテル的な糸状の巨体を有していた。

彼らは「アーキタイプ人種」と呼ばれ、その体は本質的には気体の性質を帯びていた。この時代は地球上の陸地は北極にあったものだけである。

紀元前五億四千二百万年頃のことである。

このころ、ベガ星系種族の宇宙船が一隻再び地球の地表に降り立った。ベガ星人が再び地球に戻ってくるまでには長い月日が経過した。ベガ星人はタイムマシンで、地球に何が起きたかを知ると再び地球に人々を入植させようと準備を始めた。

そして絶え間ない雨と氷や、そのほかの方法で地球を水で浸し続け再び生命体が繁殖できるような環境を作り出した。そして再度人間と動植物が運び入れられ、地球は二度目の命が与えられた。地球は太陽に対してこれまでとは異なる新しい角度に収まったようであった。

太陽光は、今度は地球という惑星に障害をもたらさないだろうと思われた。当時ベガ星人は動物と同じ生存本能だけで生きていた純粋地球人種と、遺伝子的な関わりを持つことで、高度な霊性と知性を持つことのできる、新しいクロマニヨン人種を誕生させた。

クロマニヨンとは遺伝子操作を受けて誕生したクローン人種のことであり現在の地球人類の先祖となっている。

遥かな長い歳月が経ち、二代目の地球人の文明は高度なレベルに達していた。しかし、エゴの病は癒えることなくより一層蔓延していた。様々な生産物は製造に関わった者たちの間だけで分配され、彼らが独占していたので、大多数の人々は生産物を利用できない状態であった。そして当然このような状態は平和な生活を脅かす、いさかいと賄賂や危険な技術競争という火に油を注いだ。

ある夜、地球は二度目の大惨事に見舞われることとなった。数人の物理学者が、宇宙のマイナスイオンを乗り物用の燃料に変換しようとしていた。

彼らはスペースシップに太陽エネルギーを利用している、ライバルたちを出し抜こうとしていた。そして彼らは実験中にミスを犯しそれが大気の状態に大きな不安定をもたらしてしまった。

その結果、今まで赤道を軸に自転していた地球は、極を中心にして九十度回転し始めてしまった。

それは猛烈な暴風雨や吹雪、サイクロンを巻き起こし、その猛威は九百三十年間にわたり地球上を破壊し続けた。ベガ星人が地球のこの激変に気付き、プラスイオンで地球を包み込み、陽性な状態に戻すまで、その破滅的な状況が続いた。その後ベガ星人は、嵐と巨大竜巻を引き起こすことで、地球の表面を覆いつくしていた海の水を吸い上げ、宇宙へはなった。地球の表面に生命体が生息できる環境になるまでそうした作業が続けられた。

そして当然、猛烈な吹雪と嵐のために人間と動物は絶滅した。

生き残っていたのは、災害に耐え抜くことができた植物だけだった。そうした植物は今でも深海に植わって生きている。こうして太古の昔に地上の大部分が水浸しになってしまった。

こういったルマニア文明の崩壊の後、再びシリウス人、オリオン人、アルデバラン人、ケンタウルス人、プレアデス人などがやって来て、さらに新たな人類を作り始める。このころ、巨大な爬虫類の恐竜やアンモナイト類など動物や鳥類、イチョウ、ソテツ、などの植物も移植され、繁栄し始める。

またクジラやイルカなども他の惑星から運ばれてくる。そして地球人だった多くの魂がイルカやクジラに転生して生まれて行くのである。イルカとクジラはシリウスBから訪れた高度に進化した知的な存在でシリウスBでは神の化身「高次元の生命体」のイルカたち、神の化身のクジラたちが存在している。神の化身のイルカたちは黄金のイルカたちとして認識されており、シリウス系、プレアデス系、そしてアルクトゥルス系の存在たちに囲まれて存在している。

紀元前一億年ごろ、インド大陸がユーラシア大陸に衝突しエベレストの形成が始まる。

紀元前七千万年ごろになってようやく地球に霊長類の先祖が誕生した。

紀元前六千五百万年ごろ、現在のメキシコユカタン半島に直径約十キロの小惑星が落下し、直径約百八十キロのチクシュルーブクレーターを作り、地球が寒冷化して恐竜やアンモナイト類が絶滅した。衝突時のエネルギーは広島型原子爆弾の約十億倍、衝突地点で発生した地震の規模はマグニチュード十一以上、生じた津波の高さ約三百メートルと推定されている。

紀元前三千万年ごろ、ヒト科が出現した。ヒト科は哺乳類サル目「霊長類」の分類群の一つ。ヒト亜科とオランウータン亜科で構成される。

紀元前二千二百万年ごろ、このころに地球を訪れたベガ星人が自分たちの遺伝子と地球に居た猿人の遺伝子を掛け合わせ新しい地球人を作った。しかしできの良い地球人にはならなかった。

四　M57の琴座、リラ星

宇宙の創造神である「存在のすべて」が光を生み出し、自分に代わる親として、ヤハウエという霊的な存在を作った。ヤハウエ自身は宇宙本源の愛に近付くために、自ら進化している存在である。究極的な愛を自らのうちに体現し、完成させていくことで宇宙の根源意識「存在のすべて」と永遠に一体同化することを願いとして成長進化している。

銀河人類が宇宙根源意識に目覚め、銀河人類として成長進化しようとする本能が誰にも働いている。

地球人類から観れば、ヤハウエや宇宙生命体は人間とは比較にならないほどの知性と霊性と能力を持ち合わせた存在である。ヤハウエの故郷は銀河系宇宙に最も近く、太陽系から二百五十万光年離れたとても進化したアンドロメダ銀河から、アンドロメダ宇宙種族を引き連れて銀河にやって来た。ヤハウエはもともと銀河系宇宙外の存在として、原始宇宙人類の創造と進化に関わった存在であり銀河人類の祖である。ヤハウエは、リラ星人種を代表する十二の民族と百四十四の部族を統率する王の立場でもある。

地球人類の遺伝子には、ヤハウエをはじめとした十二支族の宇宙生命体の遺伝子が組み込まれている。「存在のすべて」は大地を造り、海を造り、地に植物を生えさせ太陽と月を造り、魚と鳥を造り、獣と家畜を造り、神に似せた人を造った。こうして、遺伝子は光子が物質化したものであり、すべて宇宙の種族はあらゆる意味で繋がっている兄弟である。ヤハウエは肉体を持ったリラ星人の神官として転生し、リラ人の親としてリラ文明を代々導いた。

リラ星は宇宙で初めて生命を生み出した惑星の一つである。文明は非常に進んでおり、リラ星の年数で十の十八乗年もの時間を費やして最大の力を発揮させることに成功している。

リラ星にはピラミッド、石造建築、鉱物であるクリスタルによるエネルギー装置が存在した。

地球上に築かれたピラミッドや各地の石像遺跡、古代海底遺跡は全て、リラ星の技術が受け継がれて作られたものである。

地球に存在する伝統芸能や民俗文化のほとんどはリラ星の文化が時とともに変化していったものである。

リラ星には「一なる法則」が存在した。一なる法則とはすべてのものが一つであり、良いと考えるものも、悪いと考えるものもすべては表裏一体の関係であるという考えである。現代人の考えは正しいか誤り、良いか悪い、両極端な引用の二極二元的な思考である。自分が創造神との一体性の中に居るということを知らない状態にいる。人間が瞑想し、自然の中に居ることで分離の境界線が消え始め、ワンネスを体験しはじめて理解する。

一なる法則が地球で様々な宗教へと変化し、一神教や多神教、偶像崇拝など、純粋な真理とは遠ざかることになってしまう。

リラ星人のマスターであるザイ（地球ではイエス・キリストと知られている）は技術と科学の発展により、光速の百倍で飛ぶ銀河間航行用宇宙船を造り、ほぼ人間の思考の速度で宇宙を移動することが可能となった。

彼らは銀河の遠いところまで広がりたくさんの文明を造り、多くの植民地を造ってきた。彼らの建造物は全て巨石のブロックでできている。彼らのスキルは極限にまで進化していて、その結果の一つが重力除去の能力である。この能力によって巨石建造物が可能なのだ。

しかし、リラ星人の進化と創造の歴史は、究極の発展を遂げる中で愛と真理のバランスを崩し、宇宙創造神「存在のすべて」の聖域を侵してしまった。

そのためリラ文明は、自ら予期しなかった文明崩壊に繋がっていくこととなる。巨大なリラ星は爆発して粉々になり、さまざまな破片は回転しながら宇宙に拡散してしまった。

リラ星のあった場所には炎を噴出する巨大な火の玉だけが残された。爆発して粉々になったリラ星の欠片はこうして宇宙空間を移動し惑星や衛星になった。

そして何億年もかけて、それらは互いに引きつけ合いながら新しい銀河を形成していった。

十二種族から成り立っていたリラ種族のうち、ルシエルとオリオンという二種族が、リラ文明の神官ヤハウエの意に反しリラ文明、リラ星を破壊してしまった種族である。

この二種族は対立しており、破壊的な行動を止めることができず、科学を偏重することで宇宙創造神の愛を見失い極限に達した科学技術を乱用して大爆発を起こし、リラ星自体を破壊してしまった。

この二種族は、その後、銀河宇宙史に繰り広げられた悲惨な宇宙戦争のカルマ発生の起源となってしまう。

リラ種族の銀河宇宙生命体十四万四千人は、長い宇宙の旅を乗り切るための宇宙母船として、小さな惑星を人工的に改造して、大量の宇宙生命体が生存できる環境を作った。

惑星を改造した宇宙船内は、地上で生きているのと同じような自然環境が人工的に作られている。その小惑星を改造した宇宙母船が「地球の衛星の月」である。

月は地球が誕生する四十六億年以前から、銀河系宇宙に存在していた古い惑星で、宇宙生命体の長い放浪の宇宙旅行を維持するために改造された巨大な宇宙母船であり、宇宙ステーションである。基本的には宇宙船の全員の思考で飛んでいる。

宇宙では惑星から惑星に行くのではなく、異次元界を超えて行くのである。

月はアメリカのアポロ計画での探査によって、月から岩石と土とを持ち帰り年代を測定したところ、五十三億年前の物や七十億年以上前の物もあり、地球誕生よりもはるかに古いことが解っている。

月の内部は空洞になっていることから、月には磁場がないのである。地球上の人間に与えられる情報は操作されているので、人々は月での真相について事実とは全く異なった理解をするように意図的にコントロールされている。

月は小さな人工衛星であり、太陽を回る惑星と同様に精巧な構造でできている。

月には大気層があり、人間が生きていける場所なのである。人間の身体は希薄な大気の中でも適応して生きていけるのである。

ＮＡＳＡが月の内部については大部分が空洞であることを近年認めていることは事実である。

月の表面にアポロ計画の時に設置してきた、反射板によると明らかに月の内部は空洞でしか反応しない現象が見られるとのことである。

地球と月と太陽の距離と大きさについて、自然界で偶然にできる大きさと距離間ではないように思えるのは私だけだろうか。

五　地球環境の悪化

現代人類科学をもってすれば、すでに羊のクローンができたことから分かるように、いずれは人間が創造される時代が、遠くない将来にこの地球上で現実のものとなる可能性があります。着実に進歩を続ける科学と医学の力によって遺伝子情報のみから、生殖の営みなしに人間の創造が現実的に起こっても、少しも不思議だとは思わない時代がもうそこまでやって来ています。いや、クローン人間がすでにいるのかもしれません。

もしかしたら、地球環境の悪化が進んでいき、我々人類が地球に住めない環境になることが現実になるかもしれません。

もうすでに、アメリカNASAでは、火星に人類が移住することを前提に研究開発を進めているという話があるくらいですから。ゼカリア・シッチン氏の言うように、ニビル星人のアヌンナキと地球に生息していた生物との遺伝子操作により、我々人類が創造されたとしても、何も不思議がることはないのではないでしょうか。全ては科学の力であるわけです。

私が記憶しているこの五、六十年の間に日本列島の自然環境の悪化はすさまじい勢いで進んでいきました。私自身でさえ思いたくもない現実の日本列島の環境の悪化は見るも無残と言わざるを得ません。日本列島に限定的ではなく、世界中の河川や海、そして地球上の大気が悪化しています。

私たちがまだ子供の頃の川や海は本当に美しいものでした。

川の水は太陽に照らされ光り輝き、海の水はあくまで深く透明な海でした。

全ては私たち日本人、いや、現代文明の人類が僅かな歴史の流れの中で、行ってきた結果であります。

この状況から抜け出さずに続けていって、我々人類は本当に良いものでしょうか。

現在地球上で起こっている自然災害、この天災は人類の思考によって起こっていると言われています。

地球上で起こっている人類による汚染の度合いはあまりにも行き過ぎの行為ではないでしょうか。

ウィキペディアによると、自然破壊というのは人間によって手を加えられることがない、あるがままの状態のものに人間の手を加えて破壊することをいうそうです。

人間の経済活動などの利己的な振る舞いによる自然破壊をやめなければならない。現在も自然破壊は進み続けています。

宇宙の中でもこの地球という惑星は他の宇宙ではなかなか見ることができないほどの美しいものなのに我々人類は痛めつけている現実を理解しなければ、再生できない取り返しのつかないことになるという時期がもうそこまで来ているように思えます。

アルクトゥルス人の女性からのメッセージがあります。

今あなた方の住む地球は大きな変化を起こしています。あなた方はミツバチが自然の中でどのような役割を担っているかについて学んではいることと思います。

ミツバチは宇宙の星々の中でさまざまな生命が活動できる環境が整いだすに従いいずこ

の惑星においても自然に発生しています。そのミツバチは今あなた方の日本においては世界のどこよりも生息の危機が迫っているのです。いずれあなた方は「**ミツバチがいない、受粉ができない**」とはっと気付く時がくるはずです。ミツバチの激減はあなた方が気付かない部分で多くの環境破壊を起こしていきます。

今からあらゆる現象を予測し、それに備えてしっかりとした農業、漁業その他の生産への考え方を持たなければならないのです。しかし、あなた方にとってとても不幸なことは、ほとんどの人が「**ミツバチが自然への貢献をすることができなくなる状態**」を、あえて見過ごしていることなのです。

あなた方がこれから安心して暮らせる基盤を確立し、持てる力を愛と人類の発展に注ぎ、素晴らしい世界を作ってゆくことを望むなら、これらの問題はあなた方自身で解決しなければならないのです。

現在南アメリカ大陸のブラジルの奥地アマゾンの森林地帯をグーグルアースで見ると大変なことになっています。

まるで魚の骨のように森は焼かれて次から次へ焼き畑農業をするために、場所を移動し続けています。一九七〇年代後半から始まった大豆の栽培の成功でアマゾンの奥地へと開発が始まりました。その他の森林破壊行為により今アマゾンは急速に乾燥化が進んでいます。更なる大規模開発によりアマゾンの砂漠化が心配されます。全ては人間の都合だけで自然を破壊し続けている現実を何故私たちは見直そうとしないのでしょう。

現在地球上で起きているコロナウイルス騒ぎは、高次元の存在にいわせると人類による経済優先の環境破壊による、地球環境からの警告だそうです。今の人類は地球を痛めすぎではないでしょうか。コロナ騒ぎで今までのような経済活動はできなくなってきています。

地球環境にとっては良いことです。地球は人類だけのものではないことを自覚し、謙虚に生活することを考え直す時期に来ているのではないでしょうか。

六　日本の科学者、政木和三氏

政木和三氏によると、地球人類は過去に四回滅んでいるそうだ。

十万年以上前に人類は現在と同じような高度な文明を持っていた。人類はそれまでも何度か高度に発達した物質文明によって滅亡を繰り返していた。

このことを裏付けるような調査が行われた。

一九七〇年代に京都大学と、大阪大学が共同して、琵琶湖の湖底を二百五十メートルほどボーリングし、地層を調査したことがある。その結果、日本には十一万年前、十八万年前、二十五万年前、三十五万年前にそれぞれ氷河期があったことが判明した。

ちょうど同じ頃に、アメリカでも同様の発掘調査が行われた。やはり十一万年前の地層から、現在使われているコンピューターとほぼ同じコンピューターの一部、その他に乾電池が発見されたという。十万年以上も前の大昔に今と同じような高度な物質文明が存在し、その結果人類は滅んでしまった。

科学が発展していなかった頃は、動物が排出した炭酸ガスを植物が吸収して酸素に変え、その酸素を動物が吸うといったように、空気もきちんと循環していた。

現代はそれが石油の大量消費などによって、一気に何万年分かの炭酸ガスを排出するようになり、空気がうまく循環できなくなってしまっている。

現代の科学技術は、単に便利でありさえすれば、地球にどういう悪影響をもたらすかということは考慮せず、環境を破壊するような道具や機械でも一切構わずどんどん生産し続けてきた。

現在の物理学や科学は、精神論を内に全く含んでいないからである。かつて滅んだ高度な文明もまさにそうであった。

こうして人類は、過去に四回も高度な文明を獲得し、その都度、自ら生み出した科学によって滅んできたのである。

過去に地球人類が四度も滅亡した主な原因は、先述したように、大気汚染である。たとえば氷河期は、この大気汚染によってもたらされる。氷河期は人工的にもたらされるものと言っても間違いではない。

事実、氷河期は十一万年前、十八万年前、二十五万年前、三十五万年前に到来しているが、これらの時期は、身勝手な人類が自らの発達した物質文明によって滅亡した時期に相当しているのである。

つまり、氷河期は、地球を炭酸ガスが覆った時にやってくる。炭酸ガスは光を通すが熱は通しにくいという性質がある。したがって、地球の表面を炭酸ガスが覆うと、太陽の光は地表に到達するが、熱は到達しなくなり、地表が冷えて氷河期になるのである。

一九〇〇年代初期の頃に比べると、現在地球上の炭酸ガスの量は七倍にも膨れ上がっている。

この炭酸ガスが塊となって偏西風に乗って地球上を流れていく。偏西風に乗ってきた炭酸ガスが上空で固まると地表に熱がこなくなり、気温が極端に下がってしまう。また、地表近くに固まると地表面が熱せられ、その熱が上空に抜け出せなくなる、という現象が起きるのである。

今各地で起きている異常気象の主な原因は、この炭酸ガスが原因なのである。この炭酸ガスが地球全体を覆った時に、気温はさらに下がり、氷河期が訪れるのである。その時、地球人類は五度目の人類滅亡に遭遇することになる。

この政木和三という人は、大正五年兵庫県生まれの人で、関西高等工業学校電気工学科卒業後、大阪帝国大学工学部通信工学科研究室で研究を続け工学博士となる。工学博士として研究をつづけながら、多くの発明品や開発品を社会に出し、貢献した人である。

発明品の数は三千種類にものぼるそうです。有名な発明品は、瞬間湯沸かし器、自動炊飯器、電気ギター、自動ドアー、ウソ発見機、ブラウン管式テレビ、魚群探知機。そのほかいろいろな発明品があります。

この政木和三氏は特許申請をするのですが、特許権が下りると特許権を放棄して人々のために社会貢献をしてきた方なのです。

この方の言う人類にとっての三大悪発明は、ガソリン、ダイナマイト、原子力の核だそうです。発明は人類のためになる物でなければならないと政木和三さんは言っていたそうです。

七　楢崎皐月氏の解読したカタカムナ

楢崎皐月氏は、一八九九年山口県生まれの物理学者であり、電気技術者でもあります。「ケガレ地」「イヤシロ地」という名で土地の良し悪しを研究した「静電三法」で有名です。晩年は「カタカムナ」の研究に没頭したそうです。一九四九年楢崎氏が兵庫県六甲山系の金鳥山で地質調査中に、古い神社の宮司の子孫であるという「平十字」（ひらとうじ）という老人からご神体として伝えられている物だとして記号のような物で書かれた巻物を見せられた。これを楢崎氏はノートに写し取らせてもらったという。

平十字老人の話からカタカムナ最後の統領の名前は「アシアトウアン」というらしいこと、そして統領の居城が六甲山の金鳥山のあたりにあったということ。天孫族との戦いに敗れて九州の地に流され死亡したという話が伝えられたという。

楢崎皐月氏の解読したカタカムナ文献によると、地球上で我々の住んでいる物質世界の背後には潜像世界、つまり多次元の世界が存在しているそうです。カタカムナの宇宙論においては、地球上での物質世界は高次元宇宙の投影像であるということなのです。ここでいう「投影像とは、ホログラフィック」のような物を言います。

生命の起源というのは物質宇宙の世界ではなく、高次元の宇宙世界にあるといわれています。

我々の物質世界というのは立体での三次元の世界に時間軸を入れて四次元の世界と認識しています。物理的に確認できる世界です。

この世の中は物質崇拝主義となっており、カタカムナの表現している高次元宇宙論に比べると、低次元の所で価値を見出しています。

高次元宇宙とは五次元以上の世界を言い、我々人類はまだ解明してはいません。その数は十三次元まであるといわれています。

この多次元の世界、潜像世界は、「アマ始元量」と呼ばれる究極粒子及びその複合体でできている素粒子の世界。

量子論の世界が本質の世界であり、その世界にはアマナと呼ばれる主「創造主」が存在している。アマナは究極粒子の集合体そのものである。

カタカムナでは独自の宇宙論を展開しており、地球が存在している物質宇宙は、一定の大きさを持つ球状の宇宙で膨張し続けてはいない。

この宇宙球の外側は超微粒子のエネルギーの存在する世界が無限に広がってそこには無数の宇宙球が存在するということなのです。生命の起源は我々のいる物質宇宙ではなく、高次元宇宙にあるということです。

高次元宇宙には、ブループリントという設計図があり、その投影像がそれぞれの生物として映し出されていることになります。

カタカムナ古文書には円と直線で作られた幾何学的な文字が書かれてあり、この文字を八鏡化美津文字といい、略して、八鏡文字または、上津文字ともいう。

解読された文字の文章にこのような文章があります。

ヒフミヨイ。マワリテメクル。ムナヤコト。アウノスヘシレ。カタチサキ。ソラニモロケセ。ユエヌオヲ。ハエツイネホン。カタカムナ。この文章はまるで銀河系宇宙の渦巻きを表現しているようです。

八　宇宙人による核戦争

シュメール文明が栄えていた今から約四千年前、シュメールの都市ウルを滅ぼしたのは、アヌンナキであり、その歴史はシュメール文献から始まった多くの聖書の記述と適合しているとシッチン氏は説いています。

紀元前二千二十四年に、地球外生命体であるアヌンナキ同士の間で起こった戦争で使用された、核爆弾によってシュメール文明は滅んだとシッチン氏は主張しています。

その核爆発による痕跡であると考えられるガラス化した遺跡が世界中で数多く発掘されています。

世界三大文明の一つ、インダス文明の都市遺跡、パキスタンの「モヘンジョダロ」のことをガラスになった町と現地の人は呼ぶそうです。そこには黒いガラス質の石が敷き詰められ、その石は光沢があり緑色がかっています。

ガンジス川とジャマハール山脈の間に、焼け焦げた多くの遺跡があり、溶解してくっつきあった大きな塊となったようで溶けた鋼鉄の流れに襲われたような状態になって、一九七三年イラク南部の砂漠で同じようにガラス化した層が見つかっており、バビロニアやシュメールの地層の下からも見つかっています。

サハラ砂漠やモンゴルのゴビ砂漠でも、焼けてガラス状になった地層が発見されている。ここだけにとどまらず、世界中にガラス化した痕跡のある場所が存在します。

このような砂のガラス化現象は極めて高温であることが必要です。たとえば、石英がガラス化するには千六百度以上の高熱が必要で、通常の爆発ではガラス化には至らず、この緑色の塊は、核爆発によるものであるということです。

一九二一年に発見されたモヘンジョダロは、周囲五キロに及ぶ巨大な古代都市です。ここで発見された四十六人の人骨の山、この遺体からは高濃度の放射能も検出されました。モヘンジョダロのいろいろな所で発見されたそうです。

シュメールの第一粘土板をシッチン氏は以下のように解説しています。

シュメール文明の滅亡は地球総司令官エンリルの子孫ニヌルタやナンナルと地球の神であるエンキの子孫ニンギシュジッタやマルドゥクたちとの地球の支配権争いによる大災害がシュメールの町に降りかかったのである。

人間が今まで見たことのない大災害。阻止することのかなわなかった大災害。全ての土地に、西から東まで、破滅的な恐怖の手が置かれた。神々は彼らの町で人間と同様無力であった。

風による破壊者、毒の空気により圧倒した。運命ではなく、宿命によりそれはもたらされた。

偉大なる神々が彼らの会議により大災害を引き起こした。エンリルとニンハルサグによりそれは許可された。エンキだけがそれをやめるよう懇願した。昼も夜もエンキは天の命令を受け入れるよう訴えたが、無駄だった。

エンリルの息子であるニヌルタとネルガルは、毒の兵器を大平原に落下させた。閃光の後に悪の風、毒の風が続くことを我々は知らなかった。こうしてシュメール文明は終焉を迎えるのである。

九　シュメール神話、旧約聖書での宇宙人

シッチン氏の言うようにシュメール神話に出てくる神が宇宙人であると仮設した場合、神と言われる存在は、宇宙人であって旧約聖書の『創世記』及び『民数記』、旧約聖書外

典の『ヨベル書』『エノク書』などに出てくる種族の名前で専門家の間では、『巨人』とされている。この巨人たちをネフィリムというそうで、名前の意味は『天から落ちてきた者達』であると言う。ネピリムともいうそうです。

この天から落ちてきた者たちとは…天から人が落ちてきたら、当然死んでしまうわけで、死んでいないということは、ゆっくり降りてきたということでしょう。

そのゆっくり降りてきた乗り物はいったい何なのでしょう。

そう我々がよく言っているUFO、宇宙船ではないでしょうか。

旧約聖書『創世記』第六章一節～四節によれば、

「地上に人が増え始め、娘たちが生まれると、神の子らは、人の娘たちの美しいのを見て、選んだものを妻にした。

こうして神の子らと人間の娘たちの間に生まれたのがネフィリムであった。

彼たちは大昔の名高い英雄たちであったという」

とあります。

この神を宇宙人アヌンナキとしてみれば、旧約聖書に書かれている神の存在は、宇宙人アヌンナキではないでしょうか。

宇宙人アヌンナキは人間を創造し人々が増えていき、増えていった人の中の美しい娘たちを愛し始め、妻としてめとり、混血児ハイブリッドを産ませ優れた能力を持った英雄に育っていった。

この宇宙人アヌンナキは我々現代の科学力の何百倍もの進んだ科学を兼ね備え、創造した人類を自由に操ることができ、地球上での史実である歴史の全てを、知っていても何ら不思議はない。我々人類が何万年かけて向上進化の道をたどってもその科学力に追いつくことはできないでしょう。

そもそもこのアヌンナキという宇宙人は、ゼカリア・シッチンの言うニビル星のニビル星人のことなのです。ニビル星人の総称をアヌンナキと地球人類たちは呼ぶようです。

つまり旧約聖書の物語はニビル星人アヌンナキと人間たちの歴史的物語と言えるのです。

十　シュメール文明の粘土板

シュメールの古文書には次のようなことが繰り返し強調されていた。

メソポタミアには神々の都市があり、旧約聖書による大洪水が起きた時にはアヌンナキと人間の娘との間にできた「半神半人」がいた、つまり、メソポタミアにはアヌンナキの都市があり、アヌンナキによって創造された人間たちと一緒に暮らし生活をしていたということになる。ハイブリッドな人間とアヌンナキを親にもつ子供である。

メソポタミア文明の古文書の一つに地球が大洪水「旧約聖書のノアの方舟」に至るまでの出来事が記述されている。「神々が人間に興味を示した時」というもので、大洪水の時の物語として書かれている。

惑星ニビルの王、支配者、アヌ王がどのようにして地球を訪問し、自分の惑星ニビルに帰還したかが記述されている。アヌ王は地球を訪問した際、地球上での権力と領域を、自分の息子たち「司令官のエンリル」と「地球の神エンキ」という、不仲なこの兄弟に区分けして分け与えた。地球の神エンキが長男で司令官のエンリルが次男である。

その結果、エンキは海からの金の抽出とアフリカでの金鉱発掘の作業に従事することになった。

ほかにもアフリカの金鉱山で厳しい労働を強いられていたアヌンナキたちの反乱の様子なども記述されている。

エンキと異母妹のニンフルザクによって遺伝子操作をして初めて原始的労働者奴隷を

造った。

　エンキはそもそも、惑星ニビルの科学者だった。エンキはそれらの科学者たちの主任科学者で最初に地球に来たときの仕事は中東のペルシャ湾で海水から金を抽出することだった。この仕事は物理学、化学、冶金学の知識を必要とした。

　そののち採鉱が必要になり、作業はアフリカ南東部へ移転した。

　エンキの持つ知識はとても役立ち、地理学、地質学、幾何学、地球科学と呼ばれるすべての知識が役立った。

　彼の仕事は地球自体の秘密の領域に属していた。エンキは最後に遺伝子工学を利用してハイブリッドな人間アダムを造った。この偉業をなしとげるには彼の異母妹で主任医官のニンフルザクの助けが必要だった。

　エンキはこうして生物学、遺伝子学、進化論などの生命科学の学問分野に卓越した腕前を発揮した。

　そののち人類は多くの子供を産みやがて増えていった。そして過度の生殖行為によって、地球司令官のエンリルを怒らせてしまう。特にアヌンナキたちとの性行為を嫌ったのだ。

　エンキは人間たちの苦しみを軽減すべく、さまざまな対策を提案したが、地球総司令官エンリルはことごとくはねつけた。

そもそも彼は人間など道具の一つとしてしか考えていなかったのである。

当時、若いアヌンナキと人間の女性が結婚する例が急速に増えつつあった。これはエンリルにとってあまりにも耐えがたいことであった。

この風潮について、旧約聖書の創世記が伝えている。

「さて地上に人が増え始め、娘たちが生まれた。神の子らは、人の娘たちが美しいのを見て、各々選んだものを妻にした」。

下等労働者たる人間と神々たるアヌンナキが結婚するとは…と、エンリルは嘆いた。

しかし、人間の数が増えれば増えるほど、人間の娘を妻にと望むアヌンナキも増えていく。

そして、神々と同等の立場を得たと勘違いした人間は、自らの立場を忘れて増長し、地上にさまざまな悪がはびこった。

また愛欲におぼれたアヌンナキが身を持ち崩す例も散見されるようになった。

ここに至ってエンリルは遂に決心する。

「私は人間を創造したが、これを地上から拭い去ろう」

と。人間を地上から拭い去る好機は間もなく到来した。

アフリカ大陸の南端に設けられた科学測候所から南極の氷冠に異常ありとの報告を受けたのである。当時、南極の万年氷は極めて不安定な状態になりつつあった。しかも惑星ニビルが地球に接近する時期にあり、その引力が地球の極地方にさまざまな影響を与えたのである。

このままニビル星が接近すれば、南極の氷冠はバランスを崩して崩壊し、想像を絶するほどの巨大な氷塊が南極海になだれ込むことが予想された。

そうなれば世界中の陸地に向かって大津波が襲いかかり、一時的に地球が水で覆われてしまう。まさに人間払しょくのチャンスであった。

宇宙ステーションに常駐している神々イギギ（上空にいるアヌンナキたちの俗称）からも、南極の氷冠の異常に関する報告がなされるのに及び、迫りくる大異変の予兆は、地球に駐在する全アヌンナキの知るところとなった。

エンリルは会議を開き、来ることが分かっている、地球上での大洪水を利用して、人類を地球上から抹殺するようアヌンナキたちに命じた。

人間たちには大洪水襲来の秘密を教えないでおこうと。この取り決めを守るという誓約をさせられたエンキは、納得がいかず賛成しかねた。

エンキはこの取り決めを阻止する方法を模索した。

エンキと人間の娘との間に生まれた自分の息子「ジウスドラ」、ノアの方舟のあのノアを媒介者として、阻止する策に出たのだ。エンキはアヌンナキの会議での決定事項の効力を失わせるような方法を思いついたのだ。

エンキはジウスドラを神殿に呼び、スクリーンの後ろから、ジウスドラに話しかけた。

この出来事はシュメールの円筒型印章の上に記念の印として残っている。エンキが大洪水の秘密をノアに教えている情景である。

これは最後の氷河期であるヴュルム氷期の末期、今からおよそ一万三千年前の出来事である。

コンピューターディスクのような謎の物体に分野別に整理された知識が蓄えられ、シュメールのエリドゥにある彼の本部に保存された。

アフリカ最南端にある科学ステーションには知恵の平板が保存されていた。

こうしたすべての知識は彼の息子たちに分け与えられた。それぞれの息子たちは、一つ以上のこうした科学の秘密の分野で専門家になっていったといわれている。

現代の科学が人類の発祥の地はアフリカ東部であるというのも納得がいく気がする。シュメール文明はメソポタミア文明初期の頃といわれている。

十一　ニビル星という惑星の創造

ニビル星というのはそもそも、地球を四倍ほど大きくした惑星である。プレアデス人の宇宙連合総司令官ソ・ラーラが太陽系の惑星探査用のために作った人工の衛星ということである。

しかし、プレアデス星人の進化の過程の中で全体性と合わない種族がいた。この種族がアヌ一族である。

宇宙連合総司令官のソ・ラーラはこのアヌ一族たちをプレアデス星から追い出すためにニビル星に移住を勧めたのである。

しかし、アヌ一族のアヌ王は、住み慣れたプレアデス星から離れることを拒んだので、ソ・ラーラ総司令官に強制的にニビル星に移住させられたのだ。

ここでいうプレアデス星というのは、天の川銀河の七つの惑星からなる地球でいうところのスバルである。

プレアデス星人は地球人類よりもはるかに進んだ高い精神性と、霊性と、科学と大きな愛を備えた人々である。

このような人々の中にいたアヌ族は特別異質な存在だったのである。

アヌ族は男性支配で、生命の平等という考えがなく非常に異質で霊的に遅れた精神性を持った一族だった。

このアヌ一族がニビル星に移住して王権制度を強いた文明を築いたのである。

アヌ王の二人の息子が、エンキ「地球神」とエンリル「地球司令官」の異母兄弟で、その異母妹がニンフルザクである。

アヌ王の築いた文明にいた、多くの一族たちが地球では「シュメール人」と呼ばれたアヌンナキ「天から地球へ来た者たち」である。

十二　ゼカリア・シッチン氏が語る

本節の文章は『人類創成の謎と宇宙の暗号（下）』の書籍にシッチン氏の著作を翻訳さ

れている北　周一郎氏の質問にシッチン氏が答えた文章から要約したものです。

ゼカリア・シッチン氏は次のように語っています。

私は、シュメール神話やエジプト神話を英語に翻訳していますが、一般のメソポタミア学者やエジプト学者が翻訳したものと全然内容が違うでしょう。

私の翻訳では、アヌンナキという宇宙人が大活躍していますが、一般の、普通の学者の翻訳では宇宙人の欠片すら登場しませんからね。しかし、どちらが正しくて、どちらが間違っているというわけではなく、どちらも正しいのです。翻訳としてはね。

ただ、太古の地球史に関する理解が異なっているために、出来上がった翻訳はまるで違ったものになってしまうのです。

何ごとについてもそうですが、とにかく世間の常識や定説を鵜呑みにしないことです。

みんながそう言っているから、偉い学者がそう言ったから、本にそう書いてあったからといって、それが真実とは限らない。自ら調べ、自ら考えることが重要なのです。

科学はそれまでの常識を疑うことによって進歩してきたのですから。

私が最初に世間の常識に疑問を抱いたのは聖書による神についてでした。欧米文化圏においては、神と聖書の支配力が非常に強い。神が神であることにだれも疑問を抱かない。

しかし、私だけは疑問を抱いた。それがすべての出発点となったのです。

私がちょうど十歳の頃のことです。ウクライナのユダヤ人学校に通っていた頃のことです。聖書の時間があって、私たち生徒はヘブライ語で授業を受けていた。私たちは旧約聖書の原典を学んでいた。

授業が創世記第六章に差し掛かった時のことです。第六章には「ネフィリム」なる者が登場する。定説では「巨人」と説明されている。しかし、ヘブライ語では「ネフィリム」は「巨人」という意味ではない。「ネフィリム」とは「ネフィル」の複数形つまり「降りた者たち」あるいは「落ちた者たち」を意味します。ごく普通のことばです。

そんなことは先生だって分かっているはずなのに「ネフィリム」を「巨人」と説明したのです。そこで私は質問をしたわけです。「意味が違う」と。すると先生は怒り出してしまった。

聖書に疑問を持ってはいけないと言うのです。

しかし、先生に怒られたことにより、逆に私は聖書に、いや、正確には聖書に関する常識に疑問を抱くようになったのです。

ここから私の三十年に及ぶ研究が始まるのです。私はロンドン大学で考古学と歴史学を、さらに神話学を学びました。その間、頭の中はずっと「ネフィリムとは何だろう」という疑問がこだましていました。

神話学を学んだ唯一の収穫として、ネフィリムの登場する聖書の起源が、シュメール神話にあることが分かったことが挙げられます。そうしてシュメール語の勉強を始めたのです。

無数の粘土板の文書を独学で解読したのです。地道な勉強を積み重ねる以外に方法はありませんでした。

シュメール語を自在に解読できるようになるまで二十年の歳月を要しました。シュメール語ができるようになって、ネフィルムのことを、シュメールではアヌンナキと呼んでいたことが分かったのです。天から地に降りた者、つまり、ヘブライ語のネフィリムとは、シュメール語のアヌンナキ「天から地に降りた者」の翻訳だったわけです。

問題は「アヌンナキ」が何者かということです。シュメールの古文書には「我々の知識はニビルの住人であるアヌンナキによって与えられた」とあります。しかし今度はニビルとは何処なのか、アヌンナキとはだれなのか皆目わからなかった。行き詰まってしまいました。

一九七〇年前後にかけて、スイスのエーリッヒ・フォン・デニケンが宇宙人と古代文明に関する一連の著作を発表しました。

彼のSF的な発想によれば、太古の地球に宇宙人がやってきて未開な人類を指導して、スフィンクスやピラミッドを造らせたということです。デニケンの著作を読んで、私の頭の中に一つの明確なイメージが浮かび上がりました。

ニビルという星から来たアヌンナキという宇宙人が、空飛ぶ円盤に乗って地球に降り立ち、人類を使ってスフィンクスやピラミッドを建造しているイメージです。

そうだ、ニビルとは地球以外の天体であり、アヌンナキとはその住人、つまり、宇宙人なのだ。こうしてフォン・デニケンの著作をきっかけとして、すべての謎を解くカギが見つかったのです。

間もなく、私は「古代宇宙論」の研究を始めた。これは古代地球人がどのような宇宙観を持っていたか、どのような天文知識を有していたかを研究する学問です。

ニビルはシュメール語で「交差する星」を意味します。

それから三年間、私はシュメールの粘土板だけを見つめ、考えに考えたのです。

ある日のこと、ある粘土板を見ていた私は奇妙なことに気が付きました。その粘土板には太陽を中心として十二個の惑星が描かれていたのです。

私の頭に疑念がよぎりました。古代宇宙論では太陽も月も惑星として数えますが、それでも、太陽、月、水星、金星、地球、火星、木星、土星、天王星、海王星、冥王星、と合わせても合計十一個のはずです。

この十二個目の惑星はいったいなんなのだ。瞬間ひらめきました。そうかニビルとは太陽系の十二個目の惑星なのだ。太陽系には、現代科学がまだ発見していない惑星が存在するのだ。ニビルとは太陽系の第十二番目の惑星であり、アヌンナキとは第十二番惑星の住人なのだ。アヌンナキをニビルの住人と解釈すると、シュメール神話の謎は面白いように解けていきました。この前提に基づけば、すべてが渋滞なく解釈できることから、私は自分の仮説の正しさを確信したのです。

シッチン学の踏み出した歴史的な第一歩でした。世界中の神話に登場する神々はアヌンナキという宇宙人でその故郷はニビルという太陽系の未発見の惑星だというのだから人々はびっくりしますね。

特に波紋が大きかったのは神学界でした。一九七六年以降の聖書では「ネフィリム」を「巨人」とはしなくなりました。

シッチン少年十歳のときに抱いた疑問が四十年の時を経て解明されました。しかも、聖書に関する常識が覆されたのです。

十三　クロード・ボリロン・ラエル

フランス人ジャーナリストのクロード・ボリロン・ラエルの説によると、宇宙人エロヒムという「天空からやって来た人達」が地球及び地球上の全生命を創造したという。古代宇宙人飛来説の代表的なものです。

一九七三年十二月十三日にフランスのクレルモンフェランという火山の火口付近で、宇宙船（ＵＦＯ）に乗ってきた宇宙人エロヒムと遭遇しました。

エロヒムとはヘブライ語で『天空から飛来した人々』という意味だそうです。

クロード・ボリロン・ラエルは異星人エロヒムと遭遇し、七日間にわたって、毎日宇宙船の中で地球についての真実のメッセージを伝えられました。

その時のことをまとめた『真実を告げる書』がラエルの代表作の本だそうです。

この天空から飛来した人々とはヘブライ語だそうですが、旧約聖書では神と誤訳されているそうです。つまり、神とは個を表現しているものですが、このエロヒムとは複数での人々という意味においても、ここでは誤訳していることが解るわけです。

事実が掲示される時代アポカリプス（黙示録）の時代を今まさしく、現代を迎えて、地球人類がすべてを科学的に理解可能な時代を迎えたので、地球についての真実を伝えるためのメッセンジャーとしての使命が、クロード・ボリロン・ラエルに託されたのです。

十四　地球と人類創造

旧約聖書創世記に書かれている天地創造とは、全能の神によって宇宙が創造されたというようなものではなく。異星人エロヒムの科学者たちによって二万五千年前に地球に飛来して人類が住めるような環境造りを始めたことを示しているようです。

その当時の地球は、まだ水と濃密な霧にすっぽりと包まれていました。異星人の科学者たちは濃密な霧を除去して、海と空に分けたそうです。つまり、地表から太陽や月、星などの天体が見えるようにしたことが語られたようです。

聖書の創世記でいう無から有を生み出すような無限の大宇宙の創造について語っているわけではないのです。

エロヒムの科学者たちは、人工衛星を配置して、地球の大気や組成、太陽が有害な光線を放射していないか確認をしてから、生命創造の実験を開始しました。

聖書の創世記に書かれている一日は地球上でのほぼ二千年間にあたるそうです。

天地創造に七日間要したということですが、単純計算で一万四千年かかったことになります。

水と濃密な霧にすっぽりと覆われていた地球から、巨大な大陸を創造しました。

海底で強力な爆発を起こして、海底の物質を盛り上げて積み重ね、大陸を形成しました。

エロヒムの科学者たちは高度な遺伝子工学により、化学物質だけから植物の細胞を創造しました。

科学者たちは大陸のあちこちへ散らばっていき、さまざまな植物を創造しました。

エロヒムの科学者たちが次に創造したのは水生動物でした。

プランクトンから小魚へさらに大きな魚へと、小魚が食べる藻類も創造しました。

次に創造したのが鳥類です。その次に創造したのが大陸の動物たちです。

大地は植物が繁茂していたので、植物を餌にする草食動物が創造され、次に草食動物の数のバランスをとるために肉食動物を創造しました。

エロヒムの科学者たちが地球での生命創造実験を続けていくうち、エロヒム惑星の芸術家たちも実験に参加するようになり、洗練された物へと創造されていきました。

そしてついに、エロヒムの科学者チームの中で最も有能な人々は、彼らと同じ知的生命体、すなわち人間を人工的に創造したのです。

エロヒムたちが地球を創造し始めてからおよそ、一万二千年後のことです。

つまり旧約聖書の創世記でいうところの六日目のことです。

人類創造のアダムとイブは科学的に創造された試験管ベビーのことです。

エロヒムの遺伝子ＤＮＡを組み込んだ、遺伝子組み換え技術により、その時地上に生息していた、原始人を改良して人間を創造することに成功しました。

十五　科学技術による進化と滅亡

私たち人類は、ダーウィンが唱えたようにサルから進化したのではなく、創造者であるエロヒムに似せて造った知的生命体。すなわち人間として創造された、ハイブリッドな生物ということです。

進化論が唱える生物の進化とは、エロヒムの科学者たちの、実験結果による生命技術の進歩に他なりません。ネアンデルタール人などの先史時代の化石というのは、人間が完成するまでの試作品であったわけです。

地球人類における、世界中の宗教の主な神というのは、異星人エロヒムのことなのです。

日本における神社での神道の神もエロヒム宇宙人のことになります。

宗教の源は一つであり、創造者たちエロヒムが源となっています。

ユダヤ教の絶対神ヤハウエ、イスラム教の絶対神アラーと呼ばれている存在はエロヒムの惑星のリーダーであるヤーウェのことを指します。

クロード・ボリロン・ラエルにメッセージを伝えたエロハ（エロヒムの個人を指す呼

称）はヤーウェだったそうです。

エロヒムの有能な科学者たちが、人間を創造したことで、彼らの住んでいる惑星で大問題になり、惑星の人々はパニックになりました。もしも、人間の能力が創造者を上回るようになった場合、彼らは脅威になると恐れたのです。

そこで、エロヒムたち科学者は人間たちには科学を知らせずに原始的な状態で生存させるようにし、エロヒムたちの活動を神秘化する必要があったのです。

今我々人類が現実世界で行っている、（遺伝子操作）の研究も同じようなものではないでしょうか。

そして、この創造者チームが四チームあったことが想像付きます。つまり、ネグロイド、コーカソイド、オーストラロイド、モンゴロイド、の人種があります。白人、黒人、赤人、黄色人、ということですか。

アダムとイブに真実を教えようとした創造者チームは、彼らの惑星の政府によって追放され、地球で暮らすよう命じられたのです。

しかし創造者たちエロヒムは、人間に初歩的な生存手段を教えました。

人間の能力はエロヒムたちを上回っているので、もし平均寿命が十倍長ければ、非常に早くエロヒムたちと同じになっていたでしょう。

人間は自分たちの秘めている可能性を知らないのです。特にイスラエルの民は知性と才能の面で最も優れた民で神の選民とみなされてきました。

当時の地球に残された、エロヒムの科学者たちは一部の人間たちに優れた科学の知識を教えて時がたち、地球の科学がものすごく進歩したので、彼らの惑星の政府は、創造したエロヒムの惑星に危機が及ぶことを恐れてすべてを抹殺することに決めました。

創世記第六章第五節

ヤーウェは人の悪が、地にはびこり、すべてその心に思い図ることが、いつも悪いことばかりであるのを見られた、とあります。

つまり、私たちも知識として知っている聖書の、ノアの方舟のことです。

ノア一族はエロヒムの創造者たちを裏切ることなく好意的な人々だったので、核ミサイルで地球を攻撃してくることをノアにいち早く知らせて、事前に地球より避難させるためのロケットを建造させて、保護すべき生物各種の雄雌一組ずつを収容して、大災害が起こっている間地球を周回させたようです。

創造者たちの惑星から核爆弾を積んだミサイルが地球に飛んできて地上にいるすべての生命体を滅亡させるという話は、先に述べたように、ゼカリア・シッチン氏の言う宇宙人同士の戦いによって、核攻撃が起きたということです。

その痕跡が、世界中の至る所で発見されているということです。

私たち、現代の歴史では第二次世界大戦でのアメリカの、日本攻撃による広島と長崎に原爆が人類史上初めて落とされたということになっていますが、シッチン氏や、ラエルの言う創造者からのメッセージによると、地球人類が科学の発展や進歩の速さに脅威を抱き核攻撃したということです。シッチン氏の言う宇宙人同士の戦争とは違いますが、この辺がクリアになれば私たちの歴史観も、もっとすっきりしますよね。

ソドムとゴモラという町のことがやはり聖書に書かれていますが、ラエルのメッセージから言うと、追放されていた創造者たちは許され、エロヒムの惑星に帰る権利を与えられました。自分たちが行った創造について弁明をしました。しかし彼らの惑星に住む誰もが創造物の住む地球について注意を払うようになり、エロヒムの惑星の人々は、優れた科学者的知識を持っていたユダヤ人たちを、捉えてあらゆる大陸へと散らしたのでした。

散らした先の地域に住んでいたのは、原始的な部族で言葉も違っていたので、ユダヤ人のいうことは理解できませんでした。そのうえ創造者たちは、化学装置を破壊してしまったのでした。

分散された、ユダヤ人の中には創造者に復讐を企てる者もいました。彼らはソドムとゴモラの町で、自分たちを滅ぼそうとした者たちを懲らしめる遠征に出ようと準備をしたのです。

創造者たちは調べるために、二人のスパイを派遣しました。二人のスパイは、平和的な人々に、原爆で破壊するので、町からすぐに立ち去るようにと警告しました。

そして、ソドムとゴモラの町に原爆が落とされました。

原爆による火傷は近くにいる人を死に至らしめ、塩の像のようなものにします。知性に優れた人たちの大半が滅び、ユダヤの民は再び原始的な状態にされました。

日本人であれば、原爆による火傷は広島、長崎での経験で皆さん周知のことです。

あの大東亜戦争での原爆による日本へのアメリカの攻撃は理解に苦しみます。ラエルの言う創造者からのメッセージによる歴史が事実ならば、ユダヤの民がこの日本にいるわけでもないのに、なぜ、戦争に決定的に負けている日本に二度も原爆を落としたのか謎であります。

パキスタンのモヘンジョダロの遺跡には地下都市があります。この地下都市はマンホールまで完備されていました。一番古い最下層まで備わっていたそうです。この地下都市なら、ラエル氏のいう創造者たちからの核攻撃にも耐えられる、シェルターになりえるのではないでしょうか。

このモヘンジョダロはインダス文明最大級の都市遺跡、紀元前二五〇〇年から紀元前一八〇〇年にかけて繁栄したとされる。しかしその後は短期間で衰退したということです。

十六　ソドムとゴモラの町

先述したソドムとゴモラの町の話をゼカリア・シッチン氏はこう主張しています。『神と人類の古代核戦争』の著者ゼカリア・シッチン氏によると、次のようになります。

「シュメールやアッカド、ヒッタイト、バビロニアなどオリエントの遺跡から発掘された粘土板に記された神話や、ギリシャ文明、エジプト文明、インダス文明などの神話の内容、又、旧約聖書に描かれている内容、これらはすべて太古の地球に起こった事実の記述である」

「九十九才を迎えたセム族の族長アブラハムが天幕の中で休んでいた。突然現れた三人の人物。彼らが近付いてくる姿は見ていない。いきなり目の前に立っていたのだ。アブラハムは彼らを木陰に招き入れ、心づくしの料理でもてなした。

彼はこの三人が神とその御使いであることを知っていた。ソドムを見下ろすところまで三人を見送りに来たアブラハムに対し神はこの訪問の真の目的を打ち明けた。主は言われた」

「ソドムとゴモラの罪は非常に重いと訴える叫びが実に大きい。私は下っていき彼らの行跡が果たして、私に届いた叫びの通りかどうか見て確かめよう」

旧約聖書の記述をよく見ていると、ソドムとゴモラの滅亡が決して天災によるものではないことが分かる。この悲劇は計画的なものだった。神はアブラハムに対してソドムとゴモラを滅ぼす計画とその理由について語っているのだ。この悲劇は、ソドムとゴモラの罪は非常に重いと、訴える叫びが真実であった時のみ、もたらされることになっていた。場合によっては、滅亡を免れていたのだ。つまり、この悲劇がもたらされるか否かは神の意志に全てがかかっていた。

この三つを考え合わせれば、ソドムとゴモラが天災によって滅びたのではないことが分かる。アブラハムは悲劇を避けるべく神に問いただす問答が続くのだが、最終的に神はソドムの町に二十人の正しい者がいれば、その者たちのためにソドム全体を赦すと答えたのだ。

その日の夕方、神の二人の御使いは、ソドムの町に到着した。ソドムとゴモラの罪は非常に重いとする糾弾が真実であるかどうかを調べることが彼らの任務だ。彼らが到着した時、ロトはちょうどソドムの城門の所に座っていた。彼は二人を見てすぐにその素性を見抜き地にひれ伏した。そして彼もアブラハムと同じく御使いを自宅に招き入れ、手厚くもてなしたのである。しかし、町の男の蛮声が宴に水をさした。ソドムの男たちが若者も年寄りもこぞって押しかけ家を取り囲んでわめきたてた。

今夜お前の所に来た連中はどこにいる、ここに連れてこい。なぶりものにしてやるから。ロトは町の男たちの前に進み出て男たちをたしなめた。しかし、たけり狂った男たちは彼を押しのけて戸を破ろうとする。もはやソドムの町を調査する必要はなかった。

正しいものはロトだけしかいないではないか。神の御使いはロトに向かっていった。

「実は、私たちはこの町を滅ぼしに来たのです」御使いたちはロトにこう告げたのである。

ロトは嫁いだ娘婿の所へ行き、一緒に逃げるよう勧告したが、彼らは笑って取り合わない。神の御使いは妻と、結婚していない二人の娘を連れて逃げるよう指示する。御使いは、ロト、妻、そして二人の娘の手を取り、町の外へ連れ出した。ここで神がロトに向かっていった。

「命がけで逃れよ。後ろを振り返ってはいけない。低地のどこにもとどまるな、山に逃げなさい。さもないと滅びることになる」ロトが神に向かって叫んだ、「とても山までは逃げきれません。あの小さな町までなら近いので逃げていけると思います。あそこに逃げさせてください。どうか、そこで私の命を救ってください」このロトの願いが聞き入れられロトが小さな町「ツォアル」に入るまで神は何も行わず、ツォアルの町を滅ぼすことはやめるということになった。

「太陽が地上に昇った時、ロトはツォアルに着いた。主はソドムとゴモラの上に天から硫黄の火を降らせ、これらの町と低地一帯と町の住民、地の草木もろとも滅ぼした」

そう、神は核兵器を使用して全てを滅ぼし去ったのだ。そして神の命に背いて後ろを振り向いたロトの妻は蒸気の柱になってしまった。

ツォアルに住むことを恐れたロトは神の命令通り、山の洞くつで二人の娘と暮らした。支配していた土地の町が次々に滅ぼされ、さらに一家の母を蒸気の柱に変えられてしまったロトと二人の娘は何を考えたことだろう。

最後の審判を目のあたりにし、自分たちがこの地における唯一の生き残りと考えたのではあるまいか。

だからこそ、二人の娘は、実の父と交わってまで子孫を残そうと考えたのである。

アブラハムの目の前には、あたかも核ミサイルの攻撃を受けて瓦礫と化したかのような町があった。

これは紀元前二千二十四年のことである。

これらの文明は惑星ニビルからやって来た宇宙人によってもたらされたものである。ニビル星の王、アヌの子供たちである異母兄弟のエンキとエンリルの際限なき争いに端を発している。当然のごとく彼らの子供や孫たちまでもが戦いの渦に巻き込まれていく。最終的にティルムンに建設された宇宙港とカナンの地の諸都市を含めた地球支配権の争奪戦にまでエスカレートしていった。

これこそが旧約聖書にも描かれている、ソドムとゴモラの滅亡に繋がる真相であり、シュメール文明滅亡の原因となる。

シュメールの古文書はこう伝えている。

「運命を司るアヌンナキは、それぞれの思いを披露する、地球の運命をいかにすべきか。そして四つの地が創造された」

大洪水後の人類の運命を記した重要な一文である。

地球に四つの区域が設定された。その「ティルムン」と呼ばれるアヌンナキ専用区は現在のシナイ半島とされる。この地は大洪水後に新たに宇宙港が築かれた場所であった。

ティルムンを支配することはニビル星と地球を結ぶ唯一のきずなを支配することだった。ティルムンは、政治的に中立である必要があったのである。

ニンティは「偉大なるアヌンナキ評議会」の現メンバーたる十二神の一人である。ニンティは他に領地を持っていなかったこともあり、彼女がティルムンの支配者となることに反対する者はいなかった。「我こそはこの地の支配者なり、我は支配者としてこの地に永遠に君臨せん」。彼女も地球に初めて降り立った当初は若くて美しかったが、今ではすっかり年老いて「牝牛」と呼ばれるほど衰えてしまった。そのニンティは「ニンフルサグ」の名で呼ばれるようになった。フルサグとはシナイ半島における最も高い山、カテリナ山のことを意味する。この山は聖カテリナ修道院があることで有名だが、修道院がたてられる数千年前から聖なる山として崇められてきた。

カテリナ山のすぐ南側には通称「モーセの山」がそびえたっているが、この二つの山はいずれも古代人の信仰生活において重要な地位を占めていた。アヌンナキの航空誘導システムにおいて重要な役割を果たしていたことによるものと考えられる。原理的に大洪水以前のシステムに基づくものであった。

アヌンナキが初めて地球に降り立った時、上空からの目印となる自然の標識を探し回った。その当時としては、西アジアにおける最高峰アララト山をそれとした。他に目立つ地形と言えば、チグリス・ユーフラテス川とペルシャ湾くらいのものであった。そこでアヌンナキはアララト山を通る子午線とユーフラテス川の交わる点に宇宙港シッパルを建設した。

こうして大洪水後の航空誘導システムは完成した。

キザのピラミッドはアヌンナキが建設したもので、宇宙航空システムの一部の誘導システム内のランドマークとして三つのピラミッドを設置したのである。

アヌ王が初めて地球にやって来た時、運命のくじ引きによってエンリルが地球における覇権を握って以来、エンリルとエンキの関係は敵対心と猜疑心の支配する冷え冷えとしたものとなったが、宇宙港や管制塔など地球における重要施設の建設はエンキが一手に引き受けていた。ニビル第一の技術者エンキの右に出る者はいなかったのである。

エンキの科学技術に関する知識は息子たちに継承された。長子マルドゥクは、父に勝るとも劣らない科学技術者になったとされる。エジプト神話におけるプタハ神は、メソポタミアにおけるエンキであり、その子、ラーはマルドゥクである。ラーが偉大な科学者であり技術者として神話に描かれていても不思議はない。エジプトの古文書によれば、ラーの後継者であるシューとテフストも、宇宙港建設プロジェクトに参加していた。具体的には大ピラミッド建設に携わっていたことを示すものである。

メソポタミアにおいては女神ニンフルサグの物語として、また、エジプトにおいては女神ハトホルの物語として伝承されている。

十七　アルクトゥルス人からのメッセージ

あなたがたが、今の体と心を変化させ、素晴らしい世界に身を委ねてほしいと私たちは願っています。

あなた方は地球という環境の中で生きてゆくためには、この星がどれほど大切なのか気づいています。そこであなた方が望むならコントロールされている現状から脱し、素晴らしい世界に一歩足を踏み出すお手伝いをすることとしました。

私たちはアセンションに向かっている惑星やその住民を守るため、また、そうして欲しいと望んでいる場合などに行っている援助の一つなのです。

ガイアすなわち「生命としての地球」なんて単に土の固まったただの惑星でしょ。とあなたは言うかもしれません。しかし、そうではありません。ガイアはあなた方と同じような生命体です。銀河系も生命体です。現在住んでいるあなた方の世界から、新しい世界「新次元」に移りたい「次元上昇」と願う人々や今いる世界、「現次元」に生きることに戸惑っている人々のほかに、惑星も含めて存在しています。

現在の世界に生きることに悩んでいる生命体を、時空が連なる連続体の接点を通過させることによって高い振動領域に導き、その形を変えながら、創造主の願う統合への道に進ませようとするものなのです。

私たちは、アルクトゥルス回廊で次元上昇前の数々の現実性を取り囲むという任務を遂行しながら、多次元宇宙を通して、移動して惑星などの次元上昇の過程で、その数々の現実性をも支援できることを強く願い、活動しているのです。

アルクトゥルス回廊はあなた方や、あなた方の住む地球において、どのように作用しているのでしょうか。一つ目はあなたが意識、無意識を問わず、ガイアと共に生きていく決心をして、正しい道を歩み始めると、アルクトゥルス回廊の高く精妙な周波数はあなたに寄り添い、あなたはその道に沿って自らの意識を拡大していきますが、よほど注意しないと、それを肌身で感じ取ることはできません。本当は感じてはいるのですが、普段の生活の中に闇の勢力によるコントロールが浸透してしまっていて、正しい知識に接することができないからです。

しかし、ひとたび気付きの波動をあなたが受け入れる準備を始めるとあなたの意識はどんどん拡大し、やがて新しい地球とオーバーラップして光の姿で自分がそこに住み始めているのを肌身で感じてきます。

すると、一つだけの現実「時間と場所に縛られた現実」の制限を受けることがなくなってきます。

あなたは今ここにいても同時にいくつもの世界を体験することができるからです。そんな中で、自分が高次元生命体として活動したいという欲求を持たない人間も当然おります。「財産もたくさんあり、とてもこの世が気に入っている、ここにとどまりたい」と願う者や、「この世界の修行がまだ終わっていないと勘違いをして、来世でもここにとどまり修行をしたい」と思う者や「この世界は嫌だ、他の楽な世界に移りたい」とせっかく生まれたのにそれを投げ出す者も当然おります。最悪なのが三次元、四次元の闇に自らを埋没させてしまい、せっかく生まれたその目的をも失ってしまったものです。

そのような人間はここの人生が終わって死んで、いつの日か転生の機会が訪れようとも再びこの場所に生まれさせることはできないのです。

それは他の生命「魂」を闇に引きずり落とすなど大きな障害を起こすからなのです。そのような者には、ここに生まれる前に、その魂に合うような惑星に移し、新たな体験をさせ、厳しい治療の場に移してそこで「無条件の愛」の力を使って矯正し、目覚めさせるのです。

現世はとても楽な素敵な世界なのです。ちょうどあなたが学校で先生の保護のもとで勉強しているようなものです。学校を卒業したら厳しい社会に巣立っていくでしょ。ここで生を終えて行く先は、学校で習った知識と体験を活用できなければとても厳しい世界となるのです。

しかし、知識を活用し将来の夢「生まれ変わり」をかなえようとする気持ちを持つならこんなにも楽しい自由な素晴らしい世界はないのです。夢のような世界なのです。

はるか昔、ニビル星人が人類創造を試みた際に、自分たちの言うことを聞くように新しく創造した人間に遺伝子操作した結果その遺伝子があなた方の中に広がり、現在も機能していて、それがために支配されることに拒絶反応を示せない。又は強い組織や人間に支配されることに何の疑問も起こせない人もいます。

しかし、このように遺伝子の影響で自らを失っている人々に罪はありません。そのような方には分け隔てなく私たちは「無条件の愛」を送り、癒しの地にたどり着けるような支援をします。どのような遺伝子操作があるにせよ、あるいはやむを得ずに闇の勢力に屈した人生を送ってしまったことにせよ、今ある現実の中であなたという魂はあなたという肉体が犯した行為について全責任を負わなければならないということです。

肉体が放ったエネルギーは自分自身に跳ね返ってくるため、死後、まっすぐ集合意識の世界に戻る前にこれまでの行動を清算しなければならず、そのため地獄の中でもがくような苦しみを自ら行わなくてはならないのです。このためこの世からあの世に向かう途中の世界に長い間留まることになるのです。ここであなた方は「上の命ずるままに行動して死んだ場合にはすぐには天国には行けないのだ」と勘違いをするでしょう。その誤りを正すために注意しておきます。

あの太平洋戦争終戦直前、軍の上司の命令で若者が飛行機で敵の戦艦に体当たりをした時があります。当時それは「神風特攻隊」と呼ばれていました。

彼らが敵兵に憎しみを持つというより妻や恋人、両親の命をかけて守るため、素晴らしいこの日本を残すために崇高な思いを抱いていったのであれば、まっすぐあの世という終着駅に到着することができるということです。

終戦をするため天皇陛下がお読みになった終戦の詔書があります。これは非常に大切なことなのです。他に、開戦における詔書というものもあるのです。ここに最も大切な天皇陛下のお言葉と精神世界との関わりと日本人が日本列島に住んでいる意味があるのです。

しかし、あなた方の世界ではどのような教育機関もこれを取り上げようとはしません。そこに闇が潜んでいるのです。

中間の世界で苦しむことなく真っすぐに天界に進むには、

「あなたの心が支配欲などに屈することなく、創造主の掟に沿う崇高な行動をおこないながら、無条件の愛をいかに貫いたか」

ということが非常に大切なのです。

あなたがこの世を去りあの世に向かうとき拒絶しない限り、全ての魂はこの中間の世界に一歩足を踏み入れた瞬間にアルクトゥルス回廊のさざ波に触れるのです。

波打ち際であなたが一歩湖水に足を踏み入れた時に味わう水の優しく包み込むような温かさ、あるいは身を引き締めるような愛を感じる冷たさ、それがアルクトゥルス回廊のさざ波でありアルクトゥルス回廊なのです。

全ての人が愛されています。これは解っておいてください。全ての人、場所、状況、動物、植物、鉱物、あなた方地球をなす全ての粒子が新生地球の高次元の表現へと変わるのです。

物理的地球の全ては新生地球へと生まれ変わるのです。

あなた方の中には二〇四三年頃大きな災害が発生し、ひょっとしたら全人類が滅亡してしまうのではないかと心配している方がいることは分かっています。冷たく言います。それはあなた方という生物種が生き残れるかどうかの判断を問われるときとなります。しかし、あなた方の意識が五次元へと移っていけばそれと同時に「時間を超越」することになるのです。したがっていつそれが起きるか、どれくらい先なのか、などと知りたがることは手放してください。なぜなら、時間のことを考えていると意識は三次元から抜けられないからです。

どうぞ、「無条件の愛」の中に生きることを心にとどめておいてください。

地球の次元上昇プロセスは時間をはるかに超えて進行中なのです。

これは中断しません。必ず完了します。皆さんはこれからも多くの障害に合うでしょうが、新生地球と共にあることを自覚し、自らの思いを貫き通してください。

物理的証拠云々に左右されることなく、あなたの任務を続行してください。あらゆる現実と次元上昇は、皆さんの偉大なる多次元本質の「今」の中に起きることでしょう。

十八　人間の無意識な記憶層に二つの情報

アルクトゥルス人、サナート・クマラによると、

ニビル星のアヌンナキたちは、地球には豊富な金の鉱脈が存在し、それを発見したのです。当時は大量の金が眠っていました。

彼らは採掘チームを派遣した。そのチームはアヌンナキとロボットのような抗夫達で組織されていた。

ところが何世紀も採掘を続けるうち、アヌンナキにとって不愉快な事実が判明した。地球と太陽との関係やその大気は彼らにとって有害だったのだ。アヌンナキたちは解決策を探し求めました。彼らは付近を歩き回る哺乳動物の中に知能の高い者たちがいることに気づき、使えそうだと判断したのです。

それらの霊長類が囚われた「エフェメラル」だとは知らずに、その瞳に宿る輝きのほか、高い知性を示すものは何もなかった。

アヌンナキの科学者は異種交配の実施を決断しました。自分たちのＤＮＡから特定

の性質を取り出して選んだ霊長類と掛け合わせ、こうして創造されたのが人類の祖先
ホモサピエンスである。

この新種の霊長類は、より知能が高く自発的であったが、アヌンナキの意のままになりました。

霊長類にしてみれば、アヌンナキはまるで神のような存在でした。

現代人の無意識な記憶層には二つの重要な情報が混入しているのです。無意識の情報が厄介なのは、知らないうちに意識的な行動を起こさせてしまうという点です。

この二つの情報は、あなた方人間の中にエフェメラルから流れ込んだものです。

その一つは、はるか有史以前に囚われの身となったエフェメラルが感じた物質に閉じ込められてしまった感覚と、故郷に帰りたいのに帰れないという無力感です。

それがあなた方人類の根底にあるのです。

もう一つの情報の流れは、アヌンナキが奴隷人種を生み出す目的で実施した遺伝子操作に関係したものです。

それがもとで神々との正しい関係を切望するようになり、服従し崇拝してしまうという傾向が人間の無意識の奥に存在しているのです。

その昔、エフェメラルという存在たちは物質の性質をいろいろと実験するうち、冒険心と好奇心に富む勇敢な者たちがある試しに三次元の肉体に入ってみたのです。

ほんのつかの間三次元の肉体にとどまって、すぐまた五次元の状態に戻りました。

エフェメラルたちの間で三次元の肉体に長くとどまるとどんな恩恵があるのかと議論が交わされましたが、その内容は主に三次元に存在することの危険性や限界についてでした。

ネアンデルタール人より前の古い時代、エフェメラル達は動物の肉体に入ると、その生物神経系を通して世界を知覚できることを発見したのです。

しかし、哺乳類の肉体に入った時に、驚くべき生物的体験をした者たちが現れました。

その体験とは、人間がセックスの時に得るあるいはオーガズムと呼ぶもので、エフェメラル達は存在の最高に素晴らしい境地を見出したのです。すっかり魅了され惑わされ、現実の時間枠を忘れて動物の肉体に留まる者が出てきたのです。

こうして一部のエフェメラルたちは三次元に閉じ込められたまま、五次元に戻れなくなってしまった歴史の事実があったのです。

一千万年前から百万年前ごろまでの時代は多くの超銀河文明が地球世界に接触していました。

交配種であるハイブリッドの人間に数多くの超銀河文明が接触してくるようになり、その結果銀河を超えたさまざまなＤＮＡが人間の遺伝子プールに投じられたのです。

地球人類は二十三か二十四の宇宙文明から影響を受け、超銀河的な貴族だと言えるそうだ。

地球人類のＤＮＡにはアヌンナキによって、高次元の力に対しては奴隷となるような指示がコード化されています。つまり、遺伝子構造に厄介な障害物が埋め込まれているのです。

そのため、種としての地球人類は、異次元からの存在を神とみなして崇めてしまう傾向があります。

現代人類の科学は、今や遺伝子情報を操作できるところまで来ています。これには肯定的な面と否定的な面があります。

神という概念に服従せずにはいられない人々、原理主義者たちの宗教は、今起ころうとしていることを察し、それには関わりたくないと感じています。

人間のＤＮＡのコドン（塩基配列）になされたアヌンナキの遺伝子操作が暴かれてしまうからです。

これから二十五年くらい先には人間のＤＮＡの二重螺旋がすっかり解明され、その複雑な構造の全てが判明した時、ある小さな変則が見つかります。

それがニビル星アヌンナキの人類に行った遺伝子操作なのです。地球人類の束縛の源が科学によってそう遠くない未来に発見されるのです。

十九　神と宇宙の始まり

この節の内容はアメリカのジェフリー・ホップというチャネラーが公開しているものを御預二号という人が書いた本によるものです。

私たちは全能の神の子供、いや、孫たちで、つまり、無、そう何もない、無という宇宙に神は最初に在った。いや宇宙というものもない、何もないそこで神は意識に気が付いた。神の意識だけが最初に（在った）という表現しかできないのです。

混沌とした意識の中で神様は自分という一個としての我ということすらまだ自覚できないでいる状態です。しかし全能の神が無の中から意識し始めたということはどういうことなのでしょう。

神のほかの何かの存在が神を生み出したのかもしれない。しかし神にその記憶はないのです。気が付いた時には（在った）としか表現できないのです。

あなたたちが人間として生まれてきた時と同じ状態であります。あなたたちがこの地球の物質界に生まれ落ちた時、お母さんのおなかから出てきた時の状態、あなたはまだ意識すらない状態ですよね。

しかし、あなたたちはそばに親がいて、お母さんがあなたは私の子ですよ、と言って母親に抱かれるわけです。そこであなたは気が付くわけです、何か自分以外のものが自分の体を触れているという自覚に気付くわけです。

側にいる親があなたを生んだのですよ、と言うのでそう信じているのです。

私、全知全能の神の場合は気が付いた時は何もない状態、自分自身で表現するならば、（在った）、それだけであります。

私を取り巻く空間や時間すらないのです、本当に何もないのです。何もないという概念そのものがない、つまり私の意識が唯一であり全てであり、私自身が全宇宙であった。

まだ考えることすらできなかった、思考すらない状況からは生まれるものものないのです。譬えて言うならば人間の赤子に例えることが出来る訳で、赤子も誕生直後は何も考えられない状態であります。

しかし、人間は生まれつき五感が備わっているのです。その五感を通じて外からの刺激を認識して蓄え、認識の蓄積がある段階に達するとようやく人間は思考し始めるようになるわけで、泣けばオッパイがもらえるようだと思考が始まるのです。

神の場合は感覚能力を備えていたのですが、外部からの刺激が全くなかったのです。

ここでいう全能の神とは我々の認識している神とは、まるで違う神で我々が認識している神は、ユダヤ教の旧約聖書やキリスト教の聖書あるいは神道に出てくる神とは違うのです。

つまり旧約聖書や聖書に書かれている神とは、全能の神の子供たちのことを神と表現しています。

ここに出てくる神はその子供たちの親、全知全能の神であり宇宙にあるあらゆる物を創造した全能の神ということであります。

その全能の神の住んでいる宇宙と、その子供たちの住んでいる宇宙は別の所にあります、また我々人間の住んでいる地球のある所の物質宇宙とは違う宇宙ですから三つの宇宙があるという事を認識してください。

ある時、重大な瞬間が訪れ神は、自分は何なのだろうと疑問を持ったのです。

この疑問が神にとっての初めての思考だったのです。

この瞬間に神は二つに分かれたのです。もう一つの自分の神が現れたとのことです。もう一つの自分が現れたことにより、自分を知ることが出来、自分という事を認識したのです。またもう一つの自分を愛するようになったそうです。

「知と愛」を認識したのです。

この時点では全能の神でもなんでもなくてただ無知な意識だけの無能な神だったようです。しかしさすがに全能の神だけあってすさまじいほどの迫力でもって全ての物を創造していくのです。

神は、もう一つの自分をいろいろ試して楽しくなった、嬉しかった、ここで初めて「歓喜」というものを認識した。神はいろいろなことを理解し始めていた、何かを思うとその瞬間に何かが発生するということを知ったのです。

二人の私は単なる鏡像ではなく、陽の部分が私に集まり、陰の部分がもう一人の自分に集まり始めたのです。神の中の相反する性質が二人の神に宿っていったのです。ここに男と女が生まれたのです。神は女と会話をしたいと思ったのです。

全能の神は会話をしたいと思った瞬間に、彼女は私とは別のパーソナリティーを持ったつまり個人の性格、個性をアイデンティティーと言います。でも私と彼女は一つなのです。

私自身の疑問であった自分は何なのだろうという疑問の答えを得るためには、自分と比べるものが必要だったということで物差しが要ったのである。ある意味では全知全能だったとも言えるのではないでしょうか。

つまり、私が全宇宙であり全てだったのだから、私の認識が宇宙だったのだから。これにより全能の神の認識は飛躍的に増大し創造の範囲が広まり、一瞬のうちに宇宙は膨張拡大し、一瞬のうちにほとんどの物が創造されたのでした。この宇宙は全能の神の宇宙であって、地球の夜空に見える星々の我々の認識している宇宙とは別の宇宙ということであります。

物質の世界という特殊な世界ではない意識の宇宙であり、意識の世界なのです。我々人間が死んだら「あの世」と言われる世界に戻るのですが、その宇宙とはまた違う宇宙なのです。神が最初に創造した宇宙なのであります。

男の私と女の私二人の私が一緒に創造したいと思った瞬間、無数の子供が生まれたのである。

私たち二人のエッセンスが備わっている、二人の分身であり私たちと同じ能力を持っている子供たちである。私たちが持っているすべての認識をすでにこの子供たちには備わっているのである。

子供たちもそれぞれ別個のパーソナリティーを持って、私たち二人の親とはつながっているのである。私たち両親と他の子供たち全員で意識は共有され私たちの意識はさらに拡大して加速した、神の宇宙は拡大し続けた。我々人類の神話の中に出てくる神々が納めていた黄金時代のことである。

ある時、意識の拡大が止まったのである。もはやすべてのことが認識されてしまい、新たに知るというものが無くなり全知全能が達成されたのである。

意識エネルギーである私たちにとって完成とはすなわち終了であり、存在理由を失うのである。神たちの宇宙には、一つの方向性しか存在しない、つまり敵がいないのだから不和も争いもない世界なのです。全知全能達成である。

私は家族全員を招集した、だが、対応策など有り得ないのである。意識の拡大が止まったのは神様の住んで居る世界の構造的な問題だからである。

かくなる上はリセット、再スタートと思った時、この宇宙の辺境にいた子供たちの一群から通信があり、状況は理解した我々はこれよりこの宇宙を離れ未知の領域に出て行って活路を見出す。何とかするから、それまで頑張ってくれ。

これがそう、君たちである。

二十　最初の宇宙からの離脱

最初の宇宙からの離脱、それは何を意味するのだろうか。

この宇宙は私そのものである。人間でいえば身体に相当すると言っていいだろう。自分を自覚した時、私はたった一つの細胞だった。その一つの細胞を二極化して分裂させることで子供を作り、子供が増えることによって総体として成長していく。ただ大きくなるだけでは効率が悪いので役割を分担して、各細胞が特化して機能を持つようになるのである。

細胞は自分を独立の存在だと思っているが、実は総体の一員として活動しているのである。そしてその総体には神の名前が付いているのである。

蜂の群れに譬えても良いかもしれない、女王蜂やら働き蜂などいろいろ居るが彼らも群れ全体で一つなのである。

人間の場合、精子と卵子が結合した瞬間から細胞分裂が始まり、どんどん細胞は増えていく。そして分娩の段階では各細胞の機能の特化は完了している。分娩後も細胞は増え続け、総体として拡大していく、そしてある段階に到達すると拡大は止まってしまう。そう成熟である。

最初の宇宙の拡大の停止は、この成熟状態と思ってほしい。その後、人体は新陳代謝を継続はするものの、次第に老化し最終的には死滅する。神様の宇宙の運命もおおむね同様なものである。

子供たちは私の体から離れて、私のエッセンスを持った状態で未知なる環境で新たな認識を獲得して進化発展しようとしているのである。

体から離れた子供たちはほとんどの認識を失い記憶も喪失してしまい、ゼロからのスタートとなる。君たちの場合は、近隣におびただしい数の兄弟がいる。しかし兄弟であるという記憶も失われている。それでも君たちは果敢に無の中へ旅立っていったのである。

全能の神様の宇宙の外には何もない無である。完全なる無である。無の中へ飛び込んでいった子供たちは、わずかな記憶の中に誰かの子供であったという記憶が残っていた。

思考や想像による創造力の使い方を思い出したのである。子供たちは早くも思考創造を始め、たちまち子供たちの宇宙を作ってしまったのである。

初めは兄弟の数だけの小さな宇宙だけだ。兄弟の存在を認識すると、それぞれの宇宙が合併融合し一つの大きな宇宙ができたのです。

この宇宙は子供たちが創造した宇宙である。子供たちの心が痛むのは、宇宙の分離孤独感と罪悪感の所以であり原罪と言われるものの正体はこれである。

全能の神様の宇宙を離れた子供たちが虚偽の意識に苦しんでいるのである。堕天使のレッテルを自ら貼って。創造主から分離した子供たちは独自の個性、アイデンティティーを形成し創造主のエネルギーと子供たちのエネルギーが衝突してしまうのである。

川の流れの中にある石のような物である。流れは石にぶつかり渦を巻く、この渦の回転運動が子供たちの宇宙に二元性が生まれる原因になったのである。

二元性、二極性ともいい相対的な性質を有し、要するに作用と反作用である。そして子供たちの宇宙は創造主のエネルギーと子供たちの独自性の衝突という原因によって敵対関係を基本的属性とする宇宙となったのである。

あらゆる思考をし、あらゆるものを創造しそれらを破壊した。自他を知るために、である。その根底にあるのは創造主のもとに帰る方法を見つけるためであった。

また子供たちは他の存在と徒党を組み、互いに闘争するということを始めたのである。宇宙戦争の始まりである。

基本的属性が二元性であり、当然の成り行きだと言える。

地球人が作った映画スターウォーズはある意味実話である。子供たちの宇宙で起きた物語なのです。子供たちは二元性が提供し得るあらゆる認識、意識を吸収していき拡大していった。

意識に伴って宇宙は拡大するのである。これにより創造主、神の宇宙も危機を脱出したのである。子供たちの決死の行動は成功した。

しかし子供たちはそのことを覚えていない。覚えていないからこそ新しい認識を得られた。今はただ憎しみの炎に焼かれながら敵をひたすら攻撃するだけである。ここに深い悲しみ、子供たちがとった行動は全宇宙における最大の犠牲と言われた。

子供たちの宇宙に創造した宇宙人は子供たちの子供である。創造主である全能の神からすれば孫みたいなものである。しかし我々人間の住む物質界はまだ存在していないのである。だから星も銀河も物質ではなく、みんなエネルギーの一種なのである。

続く宇宙戦争の過程で、子供たちはグループ化していく。霊的家族とか魂グループとか、大きく二つに分かれて戦うようになっていった。

どちらが善でどちらが悪というものでもなく、ただ二つのグループが敵対していたということであり二元性が現れていたということです。現在およそ144000のグループが存在している。

各グループはそれぞれの特徴を持ち、得意とする専門分野を持っているそうです。そのグループの名前は、サナンダグループ、ミカエルグループ、ガブリエルグループ、ラファエルグループ、という名前のグループがある。このグループの修正エネルギーが、グループの名を使って物質界の人間と交信することが現在でも行われている。

アークエンジェル、大天使と呼ばれている存在である。

子供たちの宇宙での戦争は収まる気配を見せなかった。以前の子供たちは思った瞬間になんでも創造することが出来たのに最近は少し時間がかかるのである。

原因は分からないのですが、子供たちの宇宙の二元性が関係していることが予想できた。

しかし対策がない、そして子供たちの宇宙が拡大を止めた。全能の神の宇宙と同じ状況になってしまったのである。拡大し続けていた宇宙が突然拡大を止めたのだ。

子供たちは二元性の本質を理解していないから、徹底的に二元性というものを解明しなければならない。そのために極端に二元的な環境を作って実験してみよう、極端に遅い環境を。子供たちの宇宙環境では思考した瞬間に結果が現れるので、そのプロセスが分からない。スローで見れば何か分かるに違いない。

そして子供たちの宇宙の内部に物質宇宙と地球が創造されることになったのである。

この実験は最後の大実験と言われている。

子供たちの二元的宇宙の停滞を物質宇宙の創造で解決しようとしたのである。物質宇宙は物質次元とか物質界というべきなのだが、人間にとってはこれこそが唯一の宇宙であり、極めて特殊な次元なので特別に物質宇宙と呼んできたのである。

この実験を運営管理する特別な組織も創造された。この組織はアーク会議と呼ばれている。この組織は先述した１４４０００のグループ代表を構成員としている。このグループの代表というのがアークエンジェル、大天使である。この実験は異次元の異なる過酷さを伴うだろうことは予想された。物質というカプセルに閉じ込められ、そんなことは誰も経験したことがないし考えもしなかった。

身動きもままならず、創造力も物質を介してでしか行使できない。感覚能力も肉体の五感に限定される。いわば子供たちの持つ能力、いや、能力というより天性のほとんどが奪われているのである。これを牢獄、地獄と言わずなんと言うのであろう。

二十一　物質界地球

地球は物質界の中心である。地球のために物質界は作られたのである。太陽系内の天体は別として、地球から見える他の天体は、現時点では飾りのような物である。子供たちが作った宇宙の過去の姿を人間の視覚が翻訳したものとでもいうか、将来的には第二、第三の地球が作られていく可能性が高い。

全能の神の宇宙と子供たちの宇宙の違いは二元性である。全能の神の宇宙には二元性は存在しない単極なのである。

子供たちが全能の神の宇宙を離れて無の領域に入った途端すべての物事が二つに分かれて、双極となったである。しかし全能の神の宇宙での記憶を喪失している子供達にとって二元性というのは当たり前の自然であり疑問を持ったこともなかった。だから二元性とは何なのか、という疑問の答えを得るために地球は作られたのである。スローで再現してみようというのが地球の目的なのである。スロー再生を可能にするのが物質であり肉体である。

地球にある、肉体を持った生命は子供たちの宇宙での記憶は消されるのである。ゼロの状態からスタートさせることが必須条件である。子供たちの宇宙の記憶を持ったまま物質界の地球での生活は耐えられるものではなく意味のないことである。

感覚能力は肉体の五感とマインドつまり脳である。精神とは全能の神のエッセンスであり、極めて限定的であり、わずかに直感とか感情でしか現れることがないのである。

地球人が持つ知覚能力は五感とマインドと感情の七つで子供たちの宇宙に比べれば厳しい制限であります。人間の肉体にある七つのチャクラとは、このことである。

全能の子供たちは何かを思考した瞬間に創造するという能力を生まれつき持っている。これは全能の神のエッセンスを持っている子供たちも想像＝創造なのである。

ところが地球での知覚能力は制限をされているので創造が著しく低減するのである。地球での創造は非常に労力と時間のかかるものなのである。

転生輪廻とは地球での経験をある程度の期間で終了しいったん元の次元に戻り、再び地球に生まれるという事を繰り返すことである。人によって大きく異なるが、おおざっぱに言って千回から二千回の転生を繰り返し経験している。

地球は肉体を通してでなければ味わえない、リアルな快感があってこれが癖になってしまって成仏できない物質界に執着を持ってしまう例が多くいることは事実になってしまっている現状がある。

この霊たちがいる次元が幽界と言われる次元であり、この次元に住み着くようになったものが多く、その人口が今も増え続けている。地球の次元に近いがゆえに地球にいるような錯覚を味わえるからである。

アークエンジェルたちは地球人一人一人を見守っているし、ガイドというものが常に付き添っている。ときどき気付かせるために棒で突くだけである。地球人がそれに気付かなくとも、人間の意志が優先されるのである。しかし見放すということもない。

地球に生まれた全能の神の孫にあたる地球人類は子供たちの世界を忘れて地球に埋没してしまわないよう、孫たちの睡眠中に肉体からエネルギーである意識だけが解放され本来の子供たちの宇宙である次元に戻って夢という形でその体験をしているのである。

ガイアは地球のあらゆる生命の源である。種はガイアなくしては発芽することができない。生命を維持できないのである。

太陽、月、他の惑星を地球の要請に合わせてセッティングした。したがって、地球のあらゆる生命体は子供たちの創造物なのである。

下等なものから次第に高等な生き物を作り上げていった。地球人類は、全能の神や子供たちと違い複雑な思考や力や創造力は持っていないのである。子供たちが創造した子供たち、つまり全能の神の孫にあたる人間には子供たちが受け継ぐ神からのエッセンスと言われる分身という意味の能力創造力はないのである。

物質界という所は時間と労力がかかる次元である。ここまで到達するのに相当長い時間がかかっている。

生命というものが生き物に入居した当初の生き物はイルカやクジラなのである。イルカやクジラの持つ遊び心を生命が好んだという事でもある。さまざまな動植物に子供たちのエネルギーを置くという時代が長く続いたのである。

当初孫たちの想像を絶する人間たちがいたのである。ハエほどの人間もいれば大きなビル程の人間もいたのだ。また体の形態や大きさが様々だったので人間同士の意思の疎通もむつかしかった、これはアトランティス時代まで続いた。

孫たち人類が人体に慣れるための時代だったと言っていいだろう。この時代をレムリア時代という。レムリア時代は何十万年も続いたのである。

そしてアトランティス時代が来てレムリア時代同様何十万年も続いた時代である。孫たちが人間としてのアイデンティティー（独自性）を築き始めた時代と言っていい、肉体との協生もうまくいくようになり拒絶反応も安定してきた。

アトランティス時代はさまざまな学問やテクノロジーが発達した時代でクリスタルの持つ力を多用していた。

そして実際に外科的な操作とＤＮＡの操作によってこれを実行したのである。人の形態やサイズは次第に標準化され機能も改善された。視力や聴力の向上や脳の記憶機能が増強され素晴らしい成果を上げたのである。

この時代の人間はマインドコントロールされ、権力層にとって都合の良い人間となっていったのである。人類共通の意識になってしまった。此のマインドコントロールはアトランティス時代の終焉の最大の理由となる。

しかしこの時代に受けたマインドコントロールは人類の集合意識に刻印され今もなお生きているのである。

人間は創造するのをやめ、言われたことにただ従い、扉が開いていても囲いの外には出ないという、飼いならされた家畜のような存在となってしまったのである。

アトランティス時代のマインドコントロールが今日の時代に至るまで生きている理由がここにある。そこで子供たちは地球実験をいったん休止し、環境と構想を一新して再スタートすることにしたのである。ここにアトランティス時代が終焉するのである。

ガイアは地球の表面を洗い流した、地球の地図は大きく様変わりした。これがノアの大洪水である。

その後必要な次世代の種を地下に残して子供たちは地球を引き上げたのである。

二十二　新しい地球の再出発

子供たちは生命として地球人の人体に入居している、五感と脳という極度に貧弱な感覚能力しかないこの鈍感さが人間としてのアイデンティティーを強固なものにしている。レムリア、アトランティス時代の人間経験から理解された。

アーク会議はアトランティス時代を終了させ、そして第三次地球計画が開始されるのである。

地球の地下に逃れたアトランティスの生き残りは再び地表へ出てきた。彼らの地下での生活は一万年以上にも及んだのである。地中に存在するクリスタルのエネルギーを使って必要なものはなんでも調達することができたのである。

地上にある多くのピラミッドは地下と地上を結ぶ出入り口兼シェルターであった。

そしてピラミッドの多くは地下で建造したものを地上に持ち上げたものなのである。

今も地中にはたくさんのピラミッドが埋まっている。今から五千年ほど前までは地下に生きる人々もまだいたのです。

紀元前四千年ごろから紀元前二千年頃まで続くこの時代はクリストル時代あるいは意識の時代と呼ばれている、クリストルはクリスタルとかキリストともいい純粋とか精髄などの意味で全能の神のエッセンスを指している。人類の意識を高めることを最重要視した時代という意味である。

アトランティス時代人間は「生命は何がもたらすのか」ということを追求した。今回はその目には見えない掴みどころのないものと融合することが目標である。

そして彼らに非物質界（あの世）から通信し、その言葉を皆に語らせるのである。彼らは後世、預言者と呼ばれるようになる。これにより神の概念はゆっくりと地球人類に広まっていった。

つまり各人の内部に潜む神性との融合である。しかし地上の人間がこの概念を理解するのは非常にむずかしい。だから人間たちは彼らなりの理解として、あらゆるものに神が宿っていると考えたのである。そしてあらゆる神が生まれた。ある意味これは正しい見解である。それでもやはり誤解なのである。そこでアブラハムが登場する。

彼は誤解を正そうと「神は多くいない。神は一つであるその神から万物は生まれた」と説いた。

アブラハムによって一神教の基礎が創られる。ユダヤ教もキリスト教もイスラム教も、みんな根はアブラハムである。後世の宗教は「ただ一つの神」を支配的で懲罰的な架空の神にすり替えてしまったのである。

アーク会議は少し戦略を転換して今から四千年ほど前にモーゼを出し、アブラハムもそうだがモーゼもサナンダグループのメンバーである。時代の分岐点に地球に現れ、強烈な個性を人々の心に刻み付けて意識を変革するという、アークエンジェルの中のグループである。

モーゼは十戒というガイドラインを示し、人間の生活行動を律したのである。本来の十戒は「死はない、ただ変転するのみ、新たな経験があるのみ。常に同房を愛せよ、いつの日か神は汝に現れる、神の援助と愛と尊敬が汝に訪れよう」。

これらの言葉の理念は今の君たちには理解できると思う。神を理解する人間が増えれば、人類の集合意識に刻印され、全人類の共通の認識となる。

感情という形でわずかにしか現れない神のエッセンスは君たちが地球に生まれる時、

自分のエッセンスの大部分をあの世において来ているからなのである。

人間はこの時代に神の種をもって転生しているが、その代表と言えるのがブッダである。仏陀は神の種を発芽させて融合を果たした人間の一人である。

仏陀が菩提樹の下で悟りを得たという話が今に伝えられているが、この悟りとは自分が神であることを根底から認識したということである。

アセンテッドマスターは現在まで九千人ほど誕生している。彼らの果たした融合はいずれも完全なものではない。人類の集合意識のレベルが上がらないことには融合レベルも上がることが出来ないのである。彼らのほとんどが融合を果たした後、間もなく地球を去っている。

それは人類との意識の格差が大きすぎてとても地球上にいられないというのが一番の理由である。アセンテッドマスターが融合を果たした後に地球に再転生した例は一度も無いのである。

しかし今後は出てくる可能性は大きい、人類の意識が大きく変わったのだから。

アーク会議は、今から二千年ほど前にイエスを地上に送り出すこのイエスもまた「サナンダグループ」の一員なのだ。イエスは「ソール存在」ではなく「集成エネルギー」なのである。アークエンジェルというのはそのグループのメンバー全員のエネルギーを集成して創った存在である。

もともとサナンダグループは「神の種の開花」を体現する集成エネルギーの集団なのである。人類の集合意識が神との完全融合ができるレベルにまで高まるのはいつなのかということである。

結果が出るのは西暦二〇〇〇年頃になるだろうという予想である。うまくいかなかった場合はアトランティス時代と同じ結末になり得るわけで、第三次地球計画はその時点で終了である。

二十三　神人類の夜明け

そして二〇一二年結果は出た。

全能の神の孫である現代の人類はやったのだ。

人類は9回ツーアウトからの逆転満塁ホームランを打ち上げたのである。奇跡と言ってよいだろう。そのおかげで私もこうして君たちの前に出てくることができたのである。

人類の集合意識は急上昇した。

その後も人類の意識は上昇し続け、二〇〇七年の九月に臨界に到達した。臨界とは神との融合が可能な意識レベルである。

今の地球の状況は過去になかったような自然災害、異常気象、温暖化、資源の枯渇、世界経済の崩壊、宗教戦争、機能しない政府教育問題など、人類は滅亡の危機に瀕していると感じているかもしれない。

しかし、そうではないのである。これらは古い時代の遺物の大掃除なのである。新しいものが現れるためには、まず古いものを取り除かねばならないからである。全ては人間たちの意識のレベルアップが引き起こしている現象なのである。

夜明け前が一番暗いのである。すぐそこに夜明けがある。神人類の夜明けである。

今地球にいる人間の多くは「100%の神の種」を持って転生している。この種が芽を出して臨界レベルの魂たちと融合する時、人間の皮を被った神が誕生する。

ある時一斉にそうなるわけではない、ある時一気に神に変身するわけではなく徐々に、である。

今世、種を携えていない人も、いずれは融合を果たし神となっていくのである。

君たちには地球で生きるうえで問題というものがなくなるだろう。停滞していた子供たちの宇宙も間もなく拡大を再開するだろう。

二元性に新たな要素が加わり、四次元的な二元性とでも言うべき物になるはずである。これにより子供たちの宇宙には既存のエネルギーに代わって新種のエネルギーが創造されるだろう。

地球には、君たちのようになることを夢見て、地球の経験のない者たちが大挙して生まれてくるだろう。アセンテッドマスター達も完全融合を目指して、再び地球に転生するに違いない。

また、第二第三の地球も創られるだろう。もう地球に転生することなく新たな旅に出発する君たちも出てくることだろう。

第三の宇宙を創造するかもしれない。君たちは私の目的に着いた。

私はこうなることを夢見ていたのである。君たちが私の元を離れて無の中へ君たちの宇宙を作っていったことも、その宇宙が滞ってしまうことも、その解決の為に地球を創ったことも、そこで君たちが昇華する道を得ることも、みんな私が夢見ていたことだったのである。その結果私の目的地に着いたのである。君たちの意思と私の夢は同じだったということだったのである。

人間が間近の死を察知したときには、マインドは人間の意識やアイデンティティーを守る必要がなくなり、その機能を停止するのである。

つまり、この世のことをすべて投げ捨てた時である。地球に生きる人間としての自分を空っぽにした時である。

この時に神の種の芽は空っぽになった部分に入り込んで花を咲かせ、融合を完成するのである。

マインドの警戒をうまくかわした種は、少しずつ種に収まっているエッセンスを君たちに融合させていく、本当に少しずつである。

これによって君たちの直感力とか感受性などの五感以外の感覚が敏感になっていくのである。

そのせいで、君たちは目に見えない世界や科学的に説明できないものに興味を感じ、今もこうして私の話を聞いているのである。

そのうちにマインドは害がないだけでなく意外と役に立つと判断したのである。五感情報の蓄積とそれに基づく判断がマインド本来の機能だから、したがって君たちにできることは先ずマインドを信用しないということである。

君たち人間が今持っているあらゆる認識、知識、意識、常識、こういうものすべてを疑ってみることである。

これらのほとんどは君たち自身が実際に経験して得たものではなく、人から教えられ、本や新聞から得た情報を盲目的に信じているだけなのである。

それはマインドが信じていいと言っているからである。マインドは集合意識が適当なものかどうかの検証をしないのである。

人間は知に頼らず神の叡智に身を委ねることが必要である。

頭を使うな、理性を捨てろ、幼子のようにならねば神の国には入れない。

融合が完成したときは、君たちは自分が神であったことを一片の疑いもなく理解するだろう。

二十四　自分自身にとって大切なことは、気づきと探求心である

人間の脳は１００パーセントの能力意識があるとすれば、普段使っている部分というのはわずか三パーセント程しか使っていない。残りの九七パーセントの部分が潜在意識の中で眠っているのである。

本来私たちが持ち合わせている永遠の生命ハイヤーセルフという魂そのものがその潜在意識の中にいるのです。

潜在意識の中の永遠の生命、ハイヤーセルフ、この部分を開発することによって潜在意識が顕在してくる。

自分の肉体の中に眠っている永遠の生命を、顕現させることが大切であり、かつ、自分の意識で認識することが最も重要である。

地球という物質界での肉体を持った人生で転生を繰り返している。

肉体を持った永遠の生命ハイヤーセルフは転生輪廻を繰り返しながら意識の向上進化を経験しています。

しかし、肉体を持った人間はそのことを知りません。はるか遠い昔の記憶は潜在意識の中に眠っています。

人間は神に与えられた選択の自由意志があり、一人ひとりが持つ自由意思は自分だけのものです。人間は自由意思があるからこそ自分の人生を選択することができる。

現代人のほとんどの人が自分自身の深淵なる潜在意識を理解せずに一生を終える人が多数である。

私たちが日々の社会生活を送る中でちょっとした気付きが生まれます。この気付きこそが自分の潜在意識であり永遠の魂からの悟りなのです。

普段の社会生活を送っているときは顕在意識で生活をしている。此の顕在意識は我々が肉体で感じる五感によるもので、五感で感じるものすべて実感としてとらえている。しかし、物質界での目に見えない世界が存在としてあり、目で見えないから実感としてとらえることが出来ない。

だがしかし、見えない存在を感じることができるのが潜在意識の中に潜んで永遠の生命は何度も生まれ変わって物質界での人生を経験し意識の向上を目的に肉体との共存生活を送っている。

平均寿命八十年という生涯を我々人間は役を演じているようなもので、約八十年の人生を経験する肉体を持った自分自身はこの地球上では一度きりの人生なのです。しかし、潜在意識の中に潜んでいる永遠の生命は何度も何度も生まれ変わって意識の向上進化の経験を積み、神の意識に近づくために経験を積重ね、最終的に神の元へ帰ることが目的なのです。

気付きとは、潜在意識の中にある永遠の生命が経験を重ねた中の記憶であり、その記憶が気付きとして顕現してきます。

気付きは大切なことで、気付きによって自分の思考や行動に変化が起きてきます。過去になかった意識より、意識を向上させることができる。

気付きによる変化は自分自身の進化向上である。気付きを多く得るためには思考の空白を多く作ることが重要で、物質的な思いすぎや考えすぎは気付きを得るチャンスを逃がしてしまっているようなものです。物欲主義的な人あるいは利己主義の人間には五感以外で感じる直感を実感しにくくしています。直感を実感するためには物質的な思考や意識の空白を作ることが必要なのです。瞑想は思考や意識の空白域を多く作り、瞑想を繰り返すことで見えない存在達からの通信を得ることもできるのです。気付きも直感と似たようなもので、いずれもオーバーソウルや守護霊からの通信であり自身の潜在意識から顕在する意識である。気付きで得たものをさらに探求することが重要である。

思考や意識の空白を作るために瞑想も良い方法です。

自分の守護霊やハイヤーセルフによって気付かされる場合もあり、いずれも思考や意識の空白が多いほど良いようです。

人間の五感以外で感じる直感やインスピレーションも意識の空白の時に感じることが多い。直感やインスピレーションと同じような気付き、この時に得た諸々のものを探求していくことが最も大切なことで、より深く探求することにより多くの真実や真理を見つけることができる。

表面的なものだけで判断をしてしまうと、物事の奥にある真実を五感によって感じられるものではなく、直感によって感じられる真実を見失う事になる。特に日本人の特徴として付和雷同的な考えを持つ人が多いように思われる。自分自身で物事を深く探求しないで、集団の方へ流れてしまう傾向にあるのが日本人としての特徴である。

一人一人が探求心を養うことで、個別の考えが生まれ、より真実に近づこうとする思考が大切であり、より深い所に真実と心理が潜んでいる。

知識は潜在意識の中にあるが、潜在意識の中でも浅い所でしかない。知恵は神から与えられたものであり、知識で得たモノより深い所に潜んでいる。つまり潜在意識の中に神の知恵と叡智が埋もれている。

先述したようにハイヤーセルフによって気付かされる場合は、思考や意識の空白を多くすることが大切である。


このハイヤーセルフは自分自身のことであり、自分の心の中にある魂のことでもある。

この自分自身を好きになり愛することが一番大切なことで、自分を愛することができて初めて自分以外のものも愛することができるのです。

神は大自然、大宇宙に内在し、神とはその法則、摂理なのである。

あなたは神の中に内在し、また神はあなた方の中に存在します。

二十五　多次元の宇宙世界

皆さん、この宇宙は多次元の宇宙でできています。青緑色をした美しいこの地球この地球を包み込むような宇宙、この世界は一次元から十三次元まであると言われています。

そもそも地球は固い物質でできています。そして宇宙も物質の宇宙です。今までの私たちの認識からいえばこの次元は三次元の空間に時間軸を入れて四次元の世界と理解しています。

これはあの有名な物理学者のアインシュタインが言った言葉です。

しかし、この理解の仕方は地球人だけの認識でしかなく、地球人以外の高度に進化した宇宙人たちの見解は違うのです。

つまり、一次元は物質、鉱物、水、二次元は植物、動物、そして我々の住んでいる物質の世界、人間を含めて三次元の世界なのです。まずはこの違いから理解しなければなりません。

物質による密度の違いによっても次元を表しています。一次元は第一密度、二次元は第二密度、三次元は第三密度ともいわれています。地球では時間というものはありますが、多次元の宇宙、高次元の世界には時間というものはありません。存在しないのです。そもそも時間という概念自体がありません。

多次元の世界を理解しようと思うと我々の固定観念を丸ごととは言わないまでも、大幅に変える必要があります。今までの常識では通用しません。我々人類の世界観は物質に囚われています。人間の持つ感覚器官、五感によってのみ現実として受け入れているからなのです。

この五感以外に頭にある脳、右脳と左脳の間にある松果体という器官があります。この機能を生かすことができれば誰でも物質にだけ囚われることはなくなるのです。この松果体という部位は人間にとって大変重要な役割を担っているのですが、残念ながら現在ほとんど休眠中の状態なのです。

二十一世紀を境にして我々地球人類に対して、高次元宇宙の存在たちからメッセージが届けられるようになり、インターネットによって多くの人々たちが共有できるようになりました。

チャネラーと呼ばれる人たちによって、一貫した世界観を伝えられているのです。

チャネリングによって多くの有益な情報を目にすることができ、スピリチュアルなメッセージは多くの人々を引き付けています。「スピリチュアル」とは、霊的とか、精神性というような意味合いの時によく使われます。

しかし、本当の意味において我々が持つ常識との相違により高次元からのメッセージを正しくできていないのが現状です。

我々の持っている根本的な世界観を覆すのは簡単なことではありません。さまざまなチャネリング情報は、多次元の世界を理解することによって、五感でとらえている世界をこれまでとは違った世界と感じることができるようになります。

どうして宇宙は創造されたのか。最初、最初がなければ何も始まらないわけでその最初とはいったいどういうことなのか。何もない、本当に何もない所から何か、そう何かが生まれるものなのか。

ここは素粒子の世界、眼には見えない何かが在ったはずだ。そう目には見えないが、エネルギーが在った。そのエネルギーが意識に芽生えたその意識は目覚めたのである。

そう（在った）のである。在ったとしか表現のしようがないのである。意識はただ（在った）。他には何もない、ただ一つの意識以外は何もないとしか言いようがないのである。

全ての始まりである源、一なるものの存在それが意識である。一なる存在意識はあるものの、それが自分ということすら理解できなかった。自分を理解するためには、自分以外のものがなければ自分という存在を理解することはできない。

一なる存在は意識に目覚め存在の本質に導かれ、無限の可能性として存在している自身の探求に乗り出すのである。それは新たなる創造である。

一なる存在は自身の波動を現実化させることで意識を拡大させ始めた。エネルギーをさまざまに偏らせて、多様性に基づき個性を創造し全体として経験世界の創造が始まった。無限の可能性と本質的に繋がったものを創造することで、自分自身というものを理解できるようになった。一なる存在は自分自身を認識できたのである。

この一なる存在とは、我々の知る所の創造主ということになる。そう私たちが認識している、「神様」のことなのです。

こうしてすべての存在には多様性があふれ、無限の可能性は次々と経験し始め、相互作用することで意識の拡大が始まった。こうして最初の宇宙が創造されたのである。そう最初の宇宙なのだ。

この宇宙は我々人類のいる物質の宇宙ではなく、意識の世界。まだ我々の視覚によって見える物質というものはなく一元性のエネルギーの意識だけの世界である。

この宇宙は創造主家族たちの平和な宇宙世界だ。一元性の宇宙世界は相対的なものが無いのだ。だから善のみの平和だけの刺激のない世界なのである。

一元性の宇宙世界はそう長くは続かなかった。いきづまってしまったのである。宇宙は意識の経験によって拡大するのであるが、その拡大が止まったのである。拡大が止まるということは、その世界の終わりを意味する。

つまり、ジ、エンドだ。経験によっての意識が向上しなくなった、創造主さえ打開策を見出すことはできなかった。この最初の一元性の宇宙、神と言われる存在たちの宇宙ができたのは四十八兆年もたっているそうで我々人間の理解できる範疇を逸脱し、想像することすらできません。

その時、この宇宙の深遠なる地にいた子供たちからこの窮地を打開するため我々が何とかするから安心してくれと連絡があった。

そうこの子供たちは君たちだよ。

そして子供たちはまだ見ぬ未知の宇宙を創造するため第一の宇宙から未知の世界へ

と旅だったのである。

それからしばらくすると、止まっていた宇宙の拡大が再開した。

そう未知の世界へ旅立った子供たちが新しい二元性の宇宙を創造したのである。

新しい宇宙を創造したことで、一元性の最初の宇宙は復活し拡大を再開し始めたのである。

今までは一元性的世界での経験しかできなかった。善だけで、敵という悪になる対象がなかった。

一元性の世界では創造することはできても、破壊することを知らなかった。そのためそう長くない歴史経過の中で、思考の経験が止まってしまい、宇宙の拡大が止まってしまったのである。

つまり、二元性の相対的な創造により、無限の多様性の経験が生まれ、一元性の世界では経験できなかったことが新しい二元性の宇宙では経験できるようになったのである。

これで二元性の宇宙の意識と同じ意識を一元性の宇宙意識も、同じ意識を持つことができ、拡大し始めたのである。

創造主の子供たちは個別性のアイデンティティーを持っているが、創造主と同じ相対的なのである。

意識そのものは、経験によってさまざまなことを想像することはできますが、経験や体験をしなければ想像することができないのです。

よくよく考えてみれば我々人間は、お母さんのおなかからオギャアって、生まれて以来、今日までの経験や知識の範疇でしか、さまざまなことを考え付かないと思いませんか。

潜在意識の中に自分が生まれてから今日までの経験や知識を記憶させています。

しかし、今まで経験したことや知識でしか想像することができません。

つまり、意識の拡大が止まってしまうと、何も生み出さないということになるわけで、何も生み出すものがなくて意識が拡大しなくなれば終わり、つまり、ジ、エンドということになります。

意識の拡大によって宇宙は大きくなるのだから、永遠に意識の拡大を続けなければならないということになります。

創造主の子供たちの宇宙は、我々人類の住んでいる地球のある宇宙より、遥かなる深遠な古代の宇宙なのです。一なる存在である創造主は、意識でありエネルギー的な波動の存在なのです。

創造の全ては、形態に応じてエネルギー的な本質を持ちながらなおかつ全体と繋がっているのです。

三次元の波動領域に存在している我々人間は、物質地球の世界を経験するため、能力的に制限されたものになっています。何かを創造するにあたって物質の世界では制限された感覚と思考では高次元の世界宇宙を理解できません。

多次元の宇宙世界は無限に広がっています。

三次元の内側にある、二次元の波動領域に存在している植物や小動物たちは、一つ一つは個別ではあるが群れで相対的な意識を持っています。

植物たちは自分が人間や動物たちに、食べられることで血や肉となって生き続けることを本能的に受け入れているのです。

昆虫や小動物たちは人間とはことなる意識形態を持っています。

例えば、アリや蜂に例えるとわかりやすくなります。アリや蜂というのは、一つ一つは個別性を持ちながら役割分担をもって生きていますが、一つの群れ全体で総体的な意識を共有しています。

つまり、昆虫や小動物や小魚や渡り鳥などの生き物は、個別性を持ちながら一つの意識で群れ全体を動かしているのです。このようにして一、二次元の存在たちは自分をより大きな世界の一部としてあるがままの生き方をしているのです。

つまり、本能的に理解し、感覚的に受け入れているのです。

多次元の世界は、創造主に近づく高次元に行くほど波動の高い軽く繊細な高次元世界となり、そこから遠ざかるほど波動の低い粗く重い低次元世界となります。

高次元に行くほど歴史が古く低次元になるほど歴史は浅く進化の過程では原始的と言えます。

地球人類の歴史はまだ新しく若い原始的な人類なのです。

多くの高次元の存在たちによって、我々人類に送ってくれるメッセージを理解することが必要です。

高次元の存在も、我々人類も同じ進化の過程にいることは事実なのです。

高次元の存在たちにとっては、三次元の我々人類の経験が必要なのです。

低次元で起きた経験が学びとなって高次元に跳ね返り、高い波動が生み出され、さらに高い波動になって再び低次元へと跳ね返ってくることになります。

つまり、思考が高い意識となるのです。

前述しました、創造主の子供たちによって第二の宇宙が創造されました。

この宇宙は二元性の宇宙で全てにおいて相対的な世界なのです。それぞれが個別的なアイデンティティーを持っているのです。

創造主のエッセンスを持っていて繋がっているのです。

しかし、子供たちは二元性の宇宙を創造したがために、第一の宇宙の記憶を失ってしまった。帰る術を失ってしまった、子供たちは無限と言えるほどのありとあらゆる物を創造し破壊した。

つまり、戦い、戦争である。何が善で何が悪かを解らないままに戦ったのだ。新しい創造と、破壊を繰り返した。

長い宇宙の歴史の中でこれほど長期にわたり、争い、敵と味方に分かれて戦争を繰り返した戦いは他に例を見なかった。

高次元宇宙でのオリオン戦争である。

第二宇宙の基本的属性が二元性であり、善と悪の敵対関係であるのだから当然の成り行きであり作用と反作用である。

こうした経験の中で、（友情）、（憎しみ）、（悲しみ）、（怒り）、（勝敗）、（優劣）、などの新しい意識が芽生え認識された。

またこれまで認識されていたものも、幅や奥行きを増した。

しかし、この二元性の宇宙世界も一元性の最初の宇宙同様拡大が徐々に狭まって来たのである。つまり、意識の拡大が止まってしまった。一元性の世界と同じようなことが起きてしまったのだ。

高次元の世界では思考はすぐに現実化され、物質的な拘束を飛び越えて即座に反応し現実化します。

例えば、私たちの夢の中では、過程を飛び越えて場所や時間を瞬間的に移動していることはいたって当たり前の夢の中ではあいまいな意識と記憶の中でいることが多いのですが、目覚めている意識の状態に近い覚醒夢の時などはいたって高次元の状態に近いです。

「五次元の世界より上の世界のことを高次元と言います」高次元の世界では実現に至る過程で感じる苛立ちや不自由さ、その過程を経て実現した時の達成感などは経験できないのです。

あまりにも簡単にすべてのことが実現するためなのです。これが五次元の宇宙世界なのです。

地球人類の私たちは高次元の多くの存在たちにサポートを受けながら、地球で物質次元世界での経験をしています。

我々人類の科学者は自分の思考で多くの発明や発見をしているのではなく、ほとんどのことは高次元からのインスピレーションを受けているのです。

私たち人類の魂はスリル溢れる非日常的な体験ができる、地球という物質の世界に輪廻転生し、わざわざ冒険の体験をしに来ているのです。

全ての物を簡単に実現させてしまう高次元の魂たちにとって非日常的なスリル溢れる地球での物質世界を体験することはワクワク、ドキドキの大冒険でもあるのです。

この魂と言われる存在が実は自分自身と言われる存在なのです。魂である自分自身が人間の肉体を借りて意識の向上進化の道を繰り返しているのです。この辺のところはなかなか受け入れがたい面があるかもしれませんが、永遠の魂が真実の自分なのです。

しかし、人間として生まれ変わった時点で五次元の世界の体験を忘却して物質の世界を体験しにやって来ているのです。

我々人類の体験が思考と意識に現れ高次元の存在たちもそれを共有しているのです。新しい意識の拡大によってまた宇宙も拡大するのです。

地球人類の意識の向上が現在の地球上でアセンションという形で始まっています。

つまり、地球を含めて人類の三次元世界から四次元世界へと次元が上昇するのです。

過去の歴史の中でこのような次元、宇宙規模で今までなかったことが起きているということなのです。

最終的には五次元の世界まで次元上昇します。

今までの五次元の世界は私たちが約八十年前後の人生を送り死んで肉体を地上において、四次元の世界を通り落ち着く世界が五次元の世界だったのです。実在と言われる真実の場所だったのですが、地球自体がその場所と同じ三次元の物質の世界でありながら、五次元と同じ体験をするようになるのです。これはまさしく青天の霹靂と言わずしてなんというのか。驚天動地がこれからの地球上で起こりつつあるのだから、ワクワクどころの騒ぎではありません。

信じられないことがこの美しい惑星地球上で起こるのです。

少し話は変わりますが、はるか古代の大西洋に沈んだアトランティス大陸にアトランティス文明という時代がありました。このアトランティス大陸の一部のウンダルという島にトートという人が住んでいました。

このトートによると、人類ははるか古代より七つの周期によって歴史を繰り返してきました。過去約五万年の周期で六回繰り返してきた。

そして二十世紀の一九五五年より新しい7回目の周期に入った。

二〇一二年より地球のアセンションが始まりました。そして我々人類も地球と同じようにアセンションし、五次元の世界に生まれ変わるのです。

二〇一二年より少し前に誰かの予言に二〇一二年で地球人類の歴史は終わり、人類滅亡のアルマゲドンがあるという話で盛り上がったことがありました。後で分かったことですが、このことはマヤ暦の終わりでありまた新しい時代の始まりを意味するものでした。

このマヤ暦を作った人物こそがこのトートという人だったのです。

トートはアトランティス大陸が大西洋に没する前に東アフリカのエジプトに宇宙船に乗って移り住んでいったのです。そしてこのトートという人物はエジプト文明を興した本人なのです。エジプト文明の文献にはトート神として崇められています。

エジプトで一番有名なのはやはりピラミッドでしょう。このピラミッドをあの場所に作った人物もこのトートなのです。あの重たい大きな石を科学的に原子化し、重力を除去してピラミッドの形に積み上げたのです。重力は一種のエネルギーですから、当然重力は人間の視覚では見ることはできません。前述した政木和三氏によると重力というエネルギーの中にもまたバクトロンという素粒子が存在しているといいます。このバクトロンという素粒子を遮断することができればあらゆる物質を無重力化することができるのです。トートの持っていた科学力は、こういうことを簡単に実践できる力を兼ね備えていたのです。

だいぶん横道にそれてしまいましたが本題に戻りましょう。

先述しましたアセンションの話ですが、四次元から五次元の世界へと地球と人類は徐々に落ち着きます。今までの地球は三次元の世界でした。この物質の世界を人間の感覚器官である五感だけで全てを捉えてきたわけなのですが、これからの時代は五感以外の第六感を働かせるようになります。

まるでマジックでもやるようにいきなり変わることはありません。

徐々に徐々にゆっくりと、実感するようになります。

一般的によく言う第六感とは感覚的に物事を感じるということです。直感力もそうです。たまに感じる人は多いのではないかと思います。よく言うところの何となく感じる、その感じなのです。

四次元や五次元の世界では見えないものでも直感で感じるようになるのです。

言葉の壁もなくなります。

言葉というのは相手になかなか自分の思考が伝わりにくく誤解を招くことが多々あります。相手に対して意思表示をする際はテレパシーを使って会話をすることができるようになります。

相手の心が読めて、相手も自分の心の思考を読んでくれる会話が成立するのです。何かワクワクしてきませんか。

今までの三次元の世界では私たちはこのような能力を忘却してしまっていたのです。四次元以上の世界では、今まで制限されていた能力が徐々にではありますが使えるように解除されていきます。

今までの幻想が解けて本来持っていた能力が甦り始めることでしょう。

我々人類に目覚めや覚醒が起こり始めるのです。

私たち人類が波動あるいは志向を上昇させるには、今まで受け入れてきた競争の社会、争いの社会を根本的に変える必要があります。

つまり、「パラダイムシフト」が必要になります。

パラダイムシフトというのは、ウィキペディアによると、その時代や分野において当然と考えられていた認識や思想、社会全体の価値観などが革命的にあるいは劇的に変化することを「パラダイムシフト」、「パラダイムチェンジ」ともいうそうです。つまり「考え方」、「常識」、「旧態依然とした考え方」、「固定観念を捨て常識を疑い」、「発想の転換」が必要になってきます。

今まさしくコロナウイルス騒ぎで世界が変わろうとしています。このコロナウイルス騒ぎは、偶然的に地球上で起きたのではなく、アセンションの一環として必然的に起きた現象だそうです。お金というものに縛られてきた過去を捨て、常識を捨て、今までの価値観の転換が必要になってきています。

自然界の動物、植物、地球の自然を取り戻すことも忘れてはならないことなのです。

今までの私たちの社会では、競争原理で発展するのだという考え方を受け入れてきました。

無意識的に競争して生存の危機におびやかされないと人間は幸せにはなれないのだと、自己評価してきました。このような世界観がつまらない人生を経験してきたことを自分が一番よく分かっているはずです。

日々の新聞やテレビには様々な不幸な出来事が連日、白日の下にさらされています。しかし、このようなものにしている我々はある種の悲劇マニアか悲劇オタクと言えないでもありません。

健全なスピリチュアル性を持った人ならばネガティブな情報を自分に取り込むことはないでしょう。

このような思考の世界観であれば粗い波動のままです。

マスコミによる不幸な出来事の情報を、ポジティブな思考へ転換させなければなりません。今の私たちが起こし始めている変化であり、物質的な世界観から多次元世界観へと変わる壮大なる「パラダイムシフト」を行っている最中なのです。

二〇一二年の冬至に惑星地球は三次元の地球から四次元の地球にアセンションしました。これからさらに次元上昇というイベントの情報をアメリカ人のチャネラーによって惑星エササニのバシャールという高次元の存在からメッセージが届けられています。

その他にも多くの高次元の存在たちから次元上昇であるアセンションについてさまざまな情報が伝えられています。

惑星地球も人間と同じような意識を持っています。その惑星地球が一足先に二〇一二年からアセンションしたのです。

そして二〇一三年から新生地球が始まりました。惑星地球は我々人類がアセンションする前に受け皿として先に四次元から五次元へと次元を上昇させてくれたのです。

母なる惑星地球が人類のために永遠なる愛によって示した一大イベントだったのです。

我々人類は五次元的な地球環境の中で三次元的な思考を現実化させているために分離的な争いがこれまで以上に拡大し続けています。

パラダイムシフトの重要性は認識されなければなりません。一刻も早く三次元の惰性から抜け出して、新しい四次元の世界へ速やかに移行するための重要なカギを握っているからです。

我々はすでに新しい世界へ移行しているのです。ただそれを実感できないのは、自らの波動の中にそれを受け入れ、うまく使い切れていないのです。

二〇一六年に人類のアセンションがありました。ただエネルギー的に大きな波が訪れたことには変わりはないのですが、すべての人に影響があったわけではなかったのです。

まだ十分に波動が上がっていない人たちはあまり影響を受けていないかもしれません。

しかし、一部の人は何らかの体験をした人たちがいることは事実なのです。

日常的な感覚からすると、能力的なものが少しずつ変化していることを感じているかもしれません。

微妙な日常の変化を経て、気付いてみれば超能力的なテレパシーを使っているようなことになっているかもしれません。

二〇一六年を境にさまざまな過程を経ながら調和的な世界へと変化していくことになります。

また特定の波動上昇の魂を持っている一部の人たちに関しては五次元以上の波動領域にまで一気に意識の拡大を経験する人が出る可能性があります。

その人たちは、自身の波動状態に応じて何らかの不思議な体験をするかもしれません。

惑星地球の変化に伴い自然災害や大規模なテロ事件、原発事故などが起こる可能性が高まります。三次元的な思考で構築された古いシステムは私たちの前から洗い流されていきます。

これまでの三次元的な古い社会システムは根本から崩れ去り、四次元的な新しい社会が構築されていくのです。

このような社会変化はポジティブな流れの中で起こる自然な流れなのです。

私たちはそうしたポジティブな変化に積極的に意識を集中していくことが大切です。

私たちの思考はこれまで物質的な世界に囚われ続けてきました。

物質的な世界観をエネルギー的な世界観へと意識を変えるには大変な変革をしなければなりません。人によっては苦労することになるかもしれません。可能性という無限のエネルギーはパラレルな世界に存在しており、人それぞれに経験している世界が異なるということを理解することは大変な思考転換が必要になります。

私たちが経験している物質の世界は、エネルギー的な本質が物質的に映し出された幻想として映し出されているのです。

物質世界は五感という映写機によって映し出されているのです。物質の世界はホログラフィックのような物なのです。

このあたりの文章になってくると、多くの人が理解に苦しむようになってくるかもしれません。

しかし、自分自身は魂に映し出された世界の主役であって自分以外の人々は常に脇役なのです。自分は常に画面の中央にいますが、他の人々は脇役として画面の中に出ては消えて行く存在なのです。自分が経験しているこの世界は完全に自分が主役なのです。

つまり、四次元世界や五次元世界が実在の世界であって、地球での三次元の世界の方が幻想の世界なのです。

四次元、五次元世界の方が先に造られて、高次元の存在たちが三次元の世界がどうしても必要になり創造されたのです。

私たちは、地球のある宇宙だけしか存在しないと思っています。でも事実として地球のある三次元宇宙以外にもたくさんの次元、宇宙、世界があるのです。

このことを理解しないと、この本に出てくる物語の意味を理解することはなかなか難しいことになります。

もう一度言います。

創造主は地球や太陽系のある宇宙よりも先に人間の目に見えない意識エネルギーの高次元の存在たちのいる高次元の世界の方を先に造られて、意識の発展進化向上のために必要に迫られ、三次元の地球のある物質宇宙ができたのです。それは意識の向上進化のための物質的経験をするためなのです。

私たちはこのような真実をよく理解したうえで人間として人生を送ることが何より大切

なことなのです。

よく理解し認識できるようになれば、争いごとやネガティブ思考の意識がなくなり、さらには戦争もなくなります。

国の境を取り除き地球人として人生を送ることがこれから先必要になってきます。

神の国、神の地球、神の地球世界の誕生です。平和な神の世界で人生を送りたければ、アセンションに乗り遅れないように自分の思考や意識を高め、ポジティブ思考で人生を送らなければ次の転生の時に人間としてこの地球に生まれてくることはできません。

永遠の愛を基本とした生き方を実践することが大切です。

おわりにあたって

いかがでしたか、この本の物語を読んでみて理解できましたでしょうか。あなたの知らない歴史が多かったのではありませんでしたか。書かれていた物語をあなたの固定概念の隙間に入れることはできましたでしょうか。

この地球という惑星と宇宙は多次元の世界から現実世界ができていることを理解できましたでしょうか。

パラレルワールドという世界も多次元世界の一部なのです。

地球内部にもシャンバラという世界があり、人間が普通の生活をしています。

このシャンバラという都市はヒマラヤ、チベットの地下に存在する中心都市があり、シャンバラやほかの地底都市を含めて、アガルタ地底大国と言われています。

アガルタ地底大国は、アトランティス文明のアトランティス大陸大西洋沈没後に生き残った人々もアガルタ人としてこの地底大国で生き続けているのです。

地底大国への入り口は世界中の山々にあるそうです。

アメリカ、カリフォルニアのシャスタ山には入口があります。一番大きな入り口は南極と北極にある入り口でこの入口周辺はいつもレンズ雲がかかっています。地上人類には気付かないところにあるそうです。

この地底大国は我々地上人類の住んでいる三次元の世界ではない次元なのでしょう。パラドックスに陥らないよう概念的に捉えておきましょう。

前半の物語の中に、ニビル星のアヌンナキという宇宙人がよく出てきました。

このアヌンナキは、地球人の祖先、ネアンデルタール人を改良し遺伝子を操作してホモサピエンスを作りました。

原初のホモサピエンスとアヌンナキたちと人間としての、能力差が大きすぎて現人類の祖先たちはアヌンナキたちを、神と呼ぶように教え込まれてしまった。

よって、現在の一部の宗教やその他の神と言われている存在は、全てとは言わないとしても、ほとんどがアヌンナキと言われる宇宙人たちである。

特に旧約聖書に出てくる神と言われる存在は、ニビル星人のアヌンナキたちだ。

代表のような存在がアヌンナキのエンリルとエンキである。このエンキはニビル星の優秀な科学者である。エンキが地球人類の祖先の遺伝子操作をした張本人なのです。

我々人類は神という概念をそろそろ変える必要がありそうです。

そう真実は一つしかありません。

シュメール文明は紀元前三二〇〇年頃に始まり、突然歴史上から消えてしまう。

シュメール文明はそもそもメソポタミア文明の初期の頃のことです。

シュメール文明やメソポタミア文明があった場所というのは現在の中東と言われる場所、イラクの一部でユーフラテス川とチグリス川の間の肥沃な土地であった場所、この辺りでメソポタミア文明は栄えたのです。

シュメール文明がなぜ突然消滅したのか、この本の物語に出てきたようにアヌンナキという宇宙人、人間たちから神と敬われている存在である、アヌンナキによる核戦争によってシュメール文明は消滅してしまったのです。

地球上の歴史の中で初めて広島と長崎に核爆弾が落とされたと思っている我々人間は記憶と認識を変えなければならないようです。

しかし、現人類にしてみれば初めてだったと言えるのかもしれません。

地球に住んでいた別の惑星の宇宙人だったわけですから。創造された人間にしてみれば、神と言われていた宇宙人だったわけです。

いくら神様とはいえ、生き物を簡単に殺してしまう神様なんているわけがないと思いませんか。

生命が宿った生き物たちは進化の過程にいる大切な存在なのですから。

神と言われる存在はいないのです。

あえてそのような存在がいるとするなら、それは創造主と言われる存在なのかもしれません。創造主は人類たちの全てを客観的に観察しているだけなのです。

ただ人間たちに初めての経験をしてほしいのです。そのために創造主は様々な世界を造ったのですから。

これから先の未来はあなたたちの思考によって造られていきます。集団的思考の選択により現在から未来への方向性が決まるのです。

明るい未来を造るのも、暗い未来を造るのもあなたたち次第なのです。

この本の物語の中に出てきた宇宙人の中にサナート・クマラという宇宙人がいました。

このサナート・クマラははるか古代の日本の京都にいた経験がある人でした。

その場所は京都の鞍馬寺のある所に宇宙船でやって来ました。一千万年も前のことです。

この時の地球にはまだ我々の祖先である人類は存在していませんでした。他の惑星から地球探索のために来ていた、エフェメラルという宇宙人が当時地球に生息していた類人猿と研究のためそこにいたのでした。

しかしこのエフェメラルも我々人類と遺伝子的に関わりが大いにあります。

この時に生息していた類人猿に熱中するあまり、類人猿の意識の中に閉じ込められてしまったのです。

我々の祖先である、ホモサピエンスの遺伝子の中にエフェメラルの遺伝子が混ざっているのです。

エフェメラルたちは五次元の存在だったのですが、三次元に生息していた類人猿を研究していたのです。

最初のうちは、五次元の意識から三次元の類人猿の意識の中へ出たり、入ったりできていたのですが、あまりにも長時間、類人猿の意識の中に留まり過ぎたために出られなくなってしまったのでした。

我々人類のDNAの一部にエフェメラル人の意識の遺伝子が残っているのです。

サナート・クマラという人は鞍馬寺に魔王尊として祀られています。

鞍馬寺はパワースポットとしても有名なお寺です。サナート・クマラは現在アルクトゥルス宙域艦隊司令官として任務に就いており、天の川銀河宇宙をネガティブ思考の宇宙存在たちから攻撃されないよう、地球を含め守っています。

日本人とは縁の深い高次元のマスターです。

このマスターと呼ばれる人たちは他にもたくさん存在します。

天使たちもその一人で、アセンテッドマスターたちもマスターと同じ存在達なのです。

天使と呼ばれる存在たちの中に大天使がいて、この大天使は人間に転生した経験はありません。早い話が、創造主直系の子供なのです。

アセンテッドマスターは、何度も人間に転生を繰り返し意識向上させ高次元へと上昇していった存在なのです。

宇宙には、高次元の存在たちの中にネガティブな存在たちもいます。つまり地球を含め銀河系宇宙は二元性の世界ですから相対的なのです。

地球人類にとって好意的な存在たちもいれば、非常に攻撃的な存在たちもいるということを理解していなければなりません。

プラズマ核兵器を持っている宇宙人や、強烈にネガティブな宇宙人など、惑星ごと素粒子サイズまで消滅させてしまう武器を持った存在たちもいるということだそうです。存在する宇宙の中で太陽系のある場所が僻地なので、適度によい位置なのかもしれません。オリオンアームと言われているようです。

旧約聖書のノアの方舟という物語がありました。このノアという人物、本書ではジウスドラという名前で出てきました。ジウスドラとノアは同じ人物なのです。

ノアの方舟の内容は地球で大水害が起き地球上にいた人類は絶滅の危機にさらされました。実はノアの方舟は潜水艦だったのです。大きさは現代のタンカーくらいの大きさだったのでノアの家族とその他の種であるＤＮＡの遺伝子など積み込み大災厄を逃れたのです。

神の怒りによって大水害を起こされ人類を絶滅するという神の怒りによって起こされたとなっていますが、この時の大津波は地球規模の自然災害だったのです。

その原因は、この物語の時代は氷河期から温暖期に差し掛かっていた時代で、その時南極に在った大氷冠、氷の塊が南極の氷河から滑り落ちたのです。

氷冠が滑り落ちる前の地球の海面の高さが現在の高さより百四十メートルも低かったのですから、その時の津波の高さは我々の想像のつかないくらいの高さだったのでしょう。

この時の津波の痕跡は現在でも見ることができるそうです。

大水害が起こる前にノアに方舟を作るよう指図をしたのがジウスドラの父親であるアヌ

ンナキのエンキだったのです。

ノアは宇宙人のアヌンナキ、エンキと人間の女性との間にできたハイブリッド人だったのです。

この大災害から、ノアの家族によって現在の人類の文明に発展していったのです。その時の地球上にはほかの生き残りの人類はいたのでしょうか。

私たちが暮らしているこの地球そのものと、私たち人類は共に、現在、次元上昇を経験しています。

二〇一二年から地球はアセンションの時期に入りました。

三次元の意識から四次元の意識へ上昇しています。人類の気付かないうちに、人々の意識が変化して上昇し、高まっています。

これから地球人としての意識の変化です。今までは、一つの国あるいは一つの民族の一人として捉えていた自分を、地球人という大きな枠に変える必要があります。人類にとって大きな進化の過程なのです。

この四次元、五次元の意識に乗り遅れてしまうと、死んだ後の輪廻転生での次回の生まれ変わりの時に地球では人間として生まれ変わることはできません。

地球自体が次元上昇してしまうので、人間の意識が低いままでは生きてはいけません。

次回の転生の時は地球以外の次元の低い惑星になります。

そうならないよう自分の意識を高めていくよう、理解しなければなりません。

意識を高めるとは、愛を基本とした人生を送ることなのです。

全ての人、動物、植物、鉱物、地球をなす全ての粒子が新生地球の高次元の表現へと変わるのです。

物理的地球の全ては新生地球へと生まれ変わるのです。

神の宇宙の話もしました。宇宙は一つではなかったのです。

創造主の宇宙と子供たちの宇宙、他に我々人類が生活をしている宇宙の三つの宇宙が次元を隔てて存在していることになります。我々の宇宙は物質の世界と言われる宇宙。創造主や子供たちの宇宙は次元が違うので我々からはその世界は見えません。見えないけれども存在するのです。

しかし、波動の世界ですから周波数を合わすことができれば見えますし、行くこともできます。

ただ、我々人類の科学やテクノロジーでは無理なだけなのです。

波動の世界を完全に理解できなければＵＦＯも作ることはできないし、宇宙人が人類の前に姿を見せない、何故、接触してこないのかという謎は解明できません。

高度な科学力を持った宇宙人たちは宇宙船に乗って多次元間を自由に往来しています。我々人類が行っている宇宙開発用のロケットは直線的にしか飛行しませんが、高度な宇宙人の宇宙船は曲線的に飛行しています。

この違いが解明されない限り人類が宇宙に出て行くことはできないでしょう。

科学の方向性を変えない限り理解できないのかもしれない。

まず宇宙は大きいし、その宇宙が次元を超えて三つもあるということを十分理解し認識しなければならない。

科学は覇権のためにあるのではなく、地球人類の進化向上のためになければならない。

西暦二〇一二年から地球上でアセンションが始まった。人類の意識が高まったのである。この状況に乗り遅れた人たちがいる。現在、世界各地でさまざまな事件や犯罪が起こっている。このようなさまざまなことを起こしている人々はアセンションに乗り遅れた人々である。

次元の変化に乗り遅れた人たちなのだ。

この人たちは次の転生では地球での人間としての転生はできないので、別の惑星で低い次元からやり直さなければならない。

人間として生まれ変わることができないかもしれないのだ。

アセンションできた人々は、創造主と同じエッセンスを持っていて姿かたちは人間の形をしているが、そこに持つ意識はまさに神の意識に、転生を繰り返しながら変化するのである。何度かの転生のうちに人間の姿をした神が生まれるのである。

神はこの時を望んでいたのだ。

地球という物質界が作られたのはこの時のために作られたのである。人類が物質界で新しい意識の上昇によって、今までなかった世界を、あるいは宇宙を、地球人類が創造するのである。

そのために、それぞれの潜在意識の中にある永遠の生命である魂を顕現させなければならない。

魂である神のエッセンスを表面にまで出してこなければならない。

潜在意識の中にいる自我は五感による感覚をマインドつまり、脳が集中管理するように設定されている。

五感という極めて限定的な知覚能力とマインドによる情報処理が、物質世界と他の世界とを完全に隔絶し、人間としてのアイデンティティーを非常に頑強なものにしている。

言葉を換えれば、人間は五感とマインド、脳によって、自分は物質界に生きそれ以外の世界は存在しないと信じ込まされているのである。

アトランティス時代のマインドコントロールによって、脳がすべての問題を処理解決するという意識が人類の集合意識に植え付けられた。

マインドは保守的なものとなり、五感が知覚できないものの存在を認めようとはしない。

過去のアセンテッドマスターたちは死の直前に神との融合を果たすことが多かった。

地球に生きる人間としての自分を空っぽにした時、人間が持っているあらゆる認識、知識、意識、常識、こういうものを全て疑ってみることである。

これらのほとんどが自身で実際に経験をして得たものではなく、教えられ自分以外から得た情報を盲目的に信じているだけなのである。

まずマインドを信用しないということである。自分自身を信頼することである。

自分の魂は神のエッセンスであり、神の叡智である。

神の叡智に身を委ねることである。

頭を使うな、理性を捨てろ、幼子のようにならなければ神の国には入れない。
融合を果たした時、自分が神であったことを理解するだろう。

参考・引用文献

題名　**「シュメールの宇宙から飛来した神々アヌンナキ種族の地球展開の壮大な歴史」**
著者　ゼカリア・シッチン　序文　エハン・デラヴィ　訳者　竹内　慧　ヒカルランド

題名　**「神と人類の古代核戦争（上）（下）」**
著者　ゼカリア・シッチン　訳者　北　周一郎　学研プラス

題名　**「人類創成の謎と宇宙の暗号（上）」**
著者　ゼカリア・シッチン　訳者　北　周一郎　学研プラス

題名　**「人類創成の謎と宇宙の暗号（下）」**
著者　ゼカリア・シッチン　訳者　北　周一郎　学研プラス

題名　**「真実を告げる書」**
著者　クロード・ボリロン・ラエル　監修　日本ラエリアン・ムーブメント
無限堂

題名　**「この世に不可能はない」**
著者　政木　和三　サンマーク出版

参考・引用文献

題名　「神の見た夢　天地創造の実相」
著者　御預一号　デザインエッグ株式会社

題名　「アルクトゥルス人より地球人へ」
著者　トム・ケニオン&ジュディ・シオン　訳者　紫上はとる　編集　秋田幸子
株式会社ナチュラルスピリット

ブログ　blog. live.door.jp/melody87/archives/2525778.html 第6章　アトランティス文明：ぽんすけまるねこみんと

ブログ　orenngirinngo.livedoor.blog アルクトゥルス宙域艦隊司令官からのメッセージ等

Kindle本　題名　「多次元世界の仕組み　物質世界は五感によって投影された〝幻想〟だった！」　著者　砂見漠

著者略歴

早川 敏行（はやかわ としゆき）

昭和25年、1950年生まれ。九州は福岡県嘉穂郡大分で7人兄弟の6番目三男として生を受ける。福岡県で15歳まで暮らし、その後大阪で20歳まで暮らす。1970年7月7日不思議な縁で長野県白馬村へ移住。1993年から現在の兵庫県西宮市に定住する。2016年7月25日尋常では理解できない体験をし、本書の執筆に至る。

幻冬舎ルネッサンス新書　237

深淵《しんえん》なる地球創造《ちきゅうそうぞう》とハイブリッドな人々《ひとびと》

2021年9月16日　第1刷発行

著　者　　　早川 敏行
発行人　　　久保田 貴幸

発行元　　　株式会社 幻冬舎メディアコンサルティング
〒151-0051　東京都渋谷区千駄ヶ谷4-9-7
電話　03-5411-6440（編集）

発売元　　　株式会社 幻冬舎
〒151-0051　東京都渋谷区千駄ヶ谷4-9-7
電話　03-5411-6222（営業）

ブックデザイン　田島照久
印刷・製本　　中央精版印刷株式会社

検印廃止

ISBN 978-4-344-93557-0　C0295
幻冬舎メディアコンサルティングHP
http://www.gentosha-mc.com/